다시
피어나려

흔들리는

당신에게

해낼 수 없는
일로부터
자유로워지는
중년의 철학

다시
피어나려

흔들리는

당신에게

기시미 이치로 지음 | 양소울 옮김

알에이치코리아

흔들리는 오늘이 소중한 이유

답이 없는 질문에 접근하는 법

괴테가 '인간은 노력하는 한 방황한다'고 했듯이, 인간은 나이 고하를 막론하고 살아있는 한 끝없이 고민합니다. 인간관계, 늙음, 질병, 죽음 등 무수한 것들이 마음을 괴롭힙니다.

철학의 본래 의미는 '지知를 사랑하는 것'입니다.

답이 나오지 않아도, 답이 나오지 않아 헤매는 일이 있어도, 그것은 노력하고 있다는 뜻이며 진지하게 살고 있다는 증거입니다. 답이 나오지 않으니까 생각하지 않는다고 고민이 사라지는 건 아닙니다. 그럴수록 더더욱 생각할 수밖에 없습니다. 생각하는 것이 기쁨이 되면 인생이 조금 다르게 보입니다.

답이 없는 질문에 대한 사유가 철학입니다. 이를테면 '죽음이란 무엇인가'와 같은 질문입니다. 죽은 후에 이 세계로 생환한 사람은 아무도 없습니다. 그러나 어떻게 생각하면 죽음을 올바르게 대할 수 있을지 그 해결에 이르는 명확한 방향성은 찾을 수 있습니다.

이때 주의해야 할 점이 두 가지 있습니다. 하나는 상식적인 사고방식도 자명한 사실로 받아들이지 않고 의심하는 겁니다. 다른 하나는 구체적으로 생각하는 겁니다. 구체적으로 생각한다는 것은 모든 조건을 따져본다는 의미입니다.

할 수 없는 일에 대한 분별

고대 로마 철학자 에픽테토스는 《엥케이리디온The Enchei-ridion》에서 다음과 같이 말했습니다.

> 자기 권내에 없는 것에 대해서는 묵묵히 참고 따를 수밖에 없다.

잘 쓰지 않는 단어지만 '권내權內'란 '힘이 미치는 범위 안'이라는 뜻입니다. 권내에 없는 일이라는 것은 내 힘으로는 어떻게 할 도리가 없음을 의미합니다. 삶의 많은 문제에서 심각해지지 않기 위해서는 '할 수 있는 것'과 '할 수 없는 것'을 먼저 분별해야 합니다.

에픽테토스가 말한 "묵묵히 참고 따를 수밖에 없다."는 말은 자신이 처한 상황이나 운명을 오롯이 감내해야 한다는 의미가 아니라고 생각합니다. 오히려 어떠한 역경에도 꿈쩍하지 않는 강인한 정신을 가져야 한다는 역설입니다. 그러나 무조건 "강인하라."라고 했다면 그 말만으로도 고통에 짓눌릴 겁니다.

권내에 없는 것은 많습니다. 우리는 언제 몇 시에 병으로 쓰러질지 알 수 없습니다. 평소 건강에 관심을 가지고 열심히 몸을 돌보며 꾸준히 운동을 해도 병에 걸릴 때는 걸릴 수밖에 없습니다. 결혼 상대는 자신이 선택할 수 있어도 부모나 친척에 대한 선택권은 없습니다. 따라서 그에 따른 관계의 갈등은 피할 수 없지만, 권내에 있습니다. 어떻게 관계를 이어가면 좋을지, 방법을 배우면 바꿀 수 있습니다.

인생을 뒤로 미루지 않는다

사람들 대부분은 인생을 뒤로 미룬 채 '지금 여기'를 살지 않습니다. 이것이 어떤 의미인지는 앞으로 이야기하겠지만, 결론적으로 인생을 뒤로 미루지 않는다는 것은 지금 하고 싶은 일이 있으면 지금 하면 된다는 의미입니다.

물론, 하고 싶어도 할 수 없는 일은 있습니다. 인생에는 '해야 할 것', '하고 싶은 것', '할 수 있는 것'밖에 없습니다. 이 가운데에서 할 수 있는 것은 '할 수 있'기 때문에 해낼 수 있는 일들입니다.

저의 어머니는 49세에 세상을 떠났습니다. 그래서 제게는 젊은 시절의 어머니 모습만 떠오릅니다. 훗날, 아직 생존해 있는 어머니의 동갑 친구가 있다는 사실을 알았을 때, 만약 어머니가 살아있다면 지금 두 분은 어떤 이야기를 나눌까 궁금해한 적이 있습니다.

생전에 어머니는 "아이들이 크면 여행 갈 거야."라는 말을 자주 했습니다. 어머니가 그런 말을 할 때 저는 웬만큼 '크게' 자라 있던 터라서 마음만 먹는다면 아무 때든 여행을 할 수 있었음에도, 어머니는 어찌 된 까닭인지 떠나려고 하지 않았습니다.

제 기억에 아버지와 어머니는 함께 여행을 떠난 적이 거의 없습니다. 여행할 수 없었다는 말이 옳습니다. 할아버지와 할머니가 건강하실 때 아버지와 어머니는 아침마다 함께 출근했습니다. 이후 제가 초등학교에 입학하고 얼마 안 돼서 어머니는 저의 할머니 병간호를 위해서 회사를 그만둘 수밖에 없었지요. 할머니가 돌아가신 후에도 두 분은 함께 여행을 떠나지 않았습니다. 그 속사정은 아버지 어머니 두 분 다 세상을 떠난 지금도 오리무중입니다.

딱 한 번 제가 고등학교에 다닐 때, 외삼촌이 대만에서 객사해 시신 수습을 위해 타이베이에 간 일이 두 분의 유일한 해외여행이었습니다. 삼촌의 유해를 수습하기 위해 떠나면서, 아마도 두 분은 씁쓸했을 겁니다.

어머니 역시 당신이 그렇게 일찍 세상을 떠날 줄은 몰랐을 겁니다. 그런 어머니를 생각하면 '할 수 있는 일은 할 수 있을 때 해야 한다'는 생각을 또 한 번 하게 됩니다.

미래를 계획할 수 있으리라는 착각

코앞의 미래에서조차 무슨 일이 일어날지 알 수 없는 것이 인생입니다. 평균수명은 늘었지만, 그것은 일반적인 통계일 뿐, 내가 과연 몇 년이나 살 수 있을지 아는 사람은 없습니다. 그렇다면 인생을 계획한다는 것은 애초에 불가능하다는 것이 진실입니다.

그런데도 미래를 계획할 수 있다고 여기는 사람이 많습니다. 언젠가 한 중학생의 인생 설계를 듣고 놀란 적이 있습니다. 진학할 고등학교와 대학교, 취직할 회사와 결혼 시기, 내 집 마련 시기까지 조목조목 기쁨에 차서 이야기하던 그 학생은 미래를 내다볼 수 있다고 생각하는 듯했습니다.

계획대로 미래를 설계할 수 있다는 믿음은 아마도 실패한 경험이 없어서일 겁니다. 인생을 오래 산 사람은 인생이 결코 계획대로 되지 않는다는 것을 알고 있습니다. 이들은 질병, 사고, 재해 등 인생의 진로를 가로막는 갖가지 일과 맞서왔습니다. 그런 일들이 언제 닥칠지 알 수 없습니다. 그렇다고 전혀 계획을 세우지 않으면 더 불안합니다. 도대체 어떻게 하면 좋을까요?

4장

함께일 때 흔들리지 않을 수 있다

5장

내일 피어나는 꽃이 될지는 오늘 내가 결정하는 것

1장

상상한 대로의 불행은
결단코 일어나지 않는다

내일의 불행을 기다리느라
오늘을 허비하고 있지 않은가?

미래의 형태는 생각하기에 따라 달라진다

젊은 시절에는 아름다운 풍경을 보면 '예쁘다'라며 순수하게 감동했습니다. 나이가 들면 벚꽃을 봐도 단풍을 봐도, 아름다움에 감동하기보다 '이 경치를 언제까지 볼 수 있을까' 하는 생각이 앞서곤 합니다.

아버지를 간호하던 때, 휠체어에 탄 아버지와 외출하면 늘 '아버지가 얼마나 더 사실 수 있을까?' 생각했습니다. 이제는 '내가 얼마나 더 살 수 있을까?' 헤아려보곤 합니다.

알츠하이머성 치매 진단을 받은 아버지는 어느 날 이렇게 말했습니다.

"아무리 생각해도 앞으로 남은 인생이 짧구나."

언제나 짙은 안개 속에서 사는 듯 보이는 아버지에게도 가끔은 정신의 안개가 맑게 걷힌 날이 찾아왔습니다. 그런 날에는 아버지에게도 평소에 보이지 않던 현실이 보였나 봅니다. 그럴 때마다 저는 젊은 시절의 아버지를 보게 되어 기뻤지만, 아버지에게 또렷하게 다가오는 현실이 행복하게 느껴졌는지는 알 수 없습니다.

아버지는 49세에 뇌경색으로 세상을 떠난 어머니에 대한 기억을 잃었습니다. 가족에게는 슬픈 일이었지요. 아버지가 과거 자신은 결혼했고, 아내와 25년을 함께 살았는데, 그 아내가 25년 전에 자신을 두고 먼저 세상을 떠났다는 사실을 알게 된다면 행복할까요? 알 수 없습니다. 모르는 편이 행복할지도 모릅니다. 이런 생각에 나는 아버지가 어머니의 기억을 떠올리도록 굳이 강요하지 않았습니다.

아버지가 현실을 마주할 때마다 느꼈던 것은 앞으로 남은 인생이 짧다는 사실이었습니다. 나는 '앞으로 남은 인생이 짧다'는 아버지의 말을 듣고 적잖이 놀랐습니다. 과거도 미래도 없는 이른바 한 점点의 시간을 살던 아버지가 '앞으로의 인생' 즉, 미래를 보았기 때문입니다. 아버지는 단지 미래만 본 것이 아니었습니다. 남은 인생이 짧다는 현실까지 인지했습니다.

아버지는 흡사 안개 속에 갇힌 것처럼 현실을 볼 수 없는 상태에 있었습니다. 그러던 중 안개가 맑게 걷힐 때마다, '앞으로 남은 인생이 짧다'라는 평소 보이지 않던 현실을 발견한 것이지요. 어쩌면 앞으로 남은 인생을 전혀 짐작할 수 없는 것이 냉혹한 현실이었을 것입니다. 미래未來는 글자 그대로 아직 오지 않았고, 그것이 짧을지 어떨지도 애초에 알 수 없기 때문입니다. 실제로 내일 일어날 일을 아무리 상상한들 상상한 대로의 일은 결단코 일어나지 않습니다. 이렇게 생각하면 미래가 보이지 않거나 혹은 미래가 없는 쪽이 현실이며, 안개 속에서 사는 아버지야말로 현실을 제대로 인지하고 있었다는 추론도 가능합니다.

미래가 없다는 것이 현실이라면 본래 없는 것을 두고 그것이 짧은지 긴지 말할 수 없습니다. 이에 대해 혹자는 지금까지 살아온 세월을 고려해서 앞으로의 인생의 길이를 유추할 수 있다며 반론할 것입니다. 그러나 이 또한 자명하지 않습니다.

어릴 적 감각으로 1년은 길고 무거웠습니다. 나이를 먹은 지금, 1년이란 무척 짧은 시간입니다. 바로 엊그제 새해를 맞았는데, 금세 벚꽃이 피고 무더운 여름이 오는가 싶더니, 어느새 또 한 해가 저뭅니다. 1년을 길게 느끼는 감각과 짧게 느끼는 감각 중 어느 쪽이 현실이고 진짜일까요?

누군가는 어느 쪽도 진짜가 아니라고 여깁니다. 어떻게 느끼든 1년은 365일입니다. 시계로 가늠되는 시간이 객관적인 시간이며 길게 느끼든 짧게 느끼든 그것은 주관적 감각에 불과합니다. 우물물을 만지면 여름에는 차갑고 겨울에는 따뜻할 것입니다. 하지만 이 역시 주관적 감각입니다. '진실'은 우물물 온도는

1년 내내 18도를 유지하므로 차가워지지도 따뜻해지지도 않는다는 것입니다.

앞으로 남은 인생이 길다고 믿어버리면 행복할까요? 자명하지 않습니다. 하기 싫은 일을 할 때 시간은 더디게 갑니다. 마치시계가 멈춰버린 듯합니다. 즐거운 시간은 쏜살같이 지나갑니다. 그렇다면 앞으로 남은 인생이 짧게 느껴진다고 해서 불행해할 필요도 없습니다. 남은 인생이 짧다면, 그래서 더더욱 거기서행복감을 느낄 수 있어야 합니다.

고통을 기다리느라 오늘을 허비하지 말기

미래는 예측할 수 없는 것이므로 미래를 생각하면 불안합니다. 불안에 사로잡히면 오늘이라는 하루를 온전히 살아낼 수 없습니다. 앞으로 언제 무슨 일이 일어날지는 아무도 알 수 없습니다. 그렇기에 아직 오지 않은 미래만 주야장천 생각하면 오늘이라는 하루가 공허해집니다. 공허한 오늘을 살지 않으려면 미래를 오늘과 분리하는 수밖에는 없습니다.

죽음이 언제 어디서 어떻게 오는지 아는 사람은 없습니다. 인간의 능력으로는 감당할 수 없는 일이 바로 죽음입니다. 나는 심근경색으로 쓰러져 관상동맥 우회술을 받은 적이 있습니다. 심근경색은 심장으로 혈액을 운반하는 관상동맥을 혈전이 막아서 생깁니다. 관상동맥은 지름이 겨우 2밀리미터에서 3밀리미터밖에 안 되는 혈관입니다.

혈전은 세 가지 스트레스가 동시에 관여하여 만들기 때문에 스트레스에 주의해야 한다고 주치의는 말했습니다. 마감을 지켜야 하는 일, 감기, 가까운 친지의 불행. 이 세 가지 스트레스는 가능한 한 피하는 게 우선인데, 주의한다고 해서 이를 미리 막을 수는 없습니다. 역시나 '하루하루를 즐겁게, 의미 있게, 열심히 살고 싶다'라고 현실을 긍정하는 수밖에는 없습니다.

남편이 투병 중인 한 부인이 심리상담을 받으러 왔을 때의 이야기입니다. 다행히 위험한 고비는 넘겼지만, 남편의 병이 재발할 수 있다고 생각하면 너무나 무섭다고 했습니다. 나는 그 부인에게 이렇게 말했습니다. 함께할 수 있는 오늘을 기뻐하고 하루하루를 충실하게 보내보라고요. 과연 재발할까, 재발한다면 언제가 될까 그것은 아무도 모릅니다. 걱정이 현실이 될지도 모른다는 두려움에 오늘을 허비하지 말아야 합니다. 미래를 두려워하는 대신 함께할 수 있는 오늘을 기뻐하면 됩니다.

일어나지도 않은 미래의 일을 상상하고 지금 아무리 불안감에 시달려도 일어날 일은 일어나고, 일어나지 않을 일은 일어나지 않습니다. 일어난다고 해도 상상하던 대로는 결단코 일어나지 않습니다. 대체로 겁내던 만큼의 일은 일어나지 않습니다.

우리에게 닥칠지 모를 어떤 괴로운 일도 마찬가지입니다. 언제 어떻게 급습할지 우리는 알 수 없습니다. 그렇다고 전전긍긍하면 오히려 정상적인 생활을 해칩니다. 고통은 미리 기다리지 않아도 됩니다. 언제가 될지는 모르지만, 고통스러운 어떤 일을 기다리느라 오늘을 사는 기쁨을 놓칠 이유는 없습니다.

미래와 단절하면 불안은 해소된다

미래에 대한 두려움을 떨쳐내지 못하는 건 질병이나 죽음이 유발하는 불안감 때문만은 아닙니다.

> 걱정도 번민도 없이 하루하루를 느긋하게 지내고 있습니다. 이런 행복이 계속 이어졌으면 좋겠는데 그러려면 어떤 점에 주의하면 될까요?

불안은 미래의 일입니다. 지금까지 살펴보았듯이 미래란 없다고 생각할 필요가 있습니다. 미래와 단절하면 불안은 해소됩니다. 우리가 미래에 집착하는 이유는, 연이어서 해야 할 일이 산적했기 때문입니다.

우리는 인생의 모든 순간마다 미래의 목표를 이루기 위해 살고 있습니다. 하지만 노력한다고 반드시 성공하는 건 아닙니다. 성공해도 그 기쁨은 오래가지 않습니다. 현재의 행복한 일상이 영원하기를 바라지만 언젠가는 잃어버릴 수 있다고 생각하면 불안합니다.

하지만 생각해보세요. 행복이 아니라 성공이 목표이기 때문에 불행한 것은 아닙니까? 욕망해야 할 것은 성공이 아닌 행복입니다. 행복해지기 위해 뭔가를 이루어야 하는 건 아닙니다. 그렇다면 행복이 이대로 끝날까 봐 두려움에 떨 필요도 없습니다.

미래의 인생을 내다볼 수 있다고 믿는 사람은 내일을 오늘의 연장으로 봅니다. 내일은 오늘의 연장이 아닙니다. 이 책을 읽는 분들 중에서도 내일 무슨 일이 일어날지 알아야 편안함을 느끼는 사람이 분명 있을 겁니다. 하지만 미래에 일어날 모든 일이 이미 결정되어 있다면 그런 삶에 의미가 있을까요?

과거는 과거, 오늘 행복하면 그만

과거에 얽매이기 쉬운 이유

사람은 미래에만 얽매이지 않습니다. 과거에도 얽매이지요. 두 번의 인생을 사는 사람은 없습니다. 따라서 인생의 어느 시기가 됐든, 첫 경험만 할 뿐입니다. 그런 까닭에 어쩔 수 없이 순간의 선택으로 인생을 그르치거나 학교, 직장, 가정에서 대인관계로 좌절을 겪습니다. 인생은 후회의 집대성이 될 수밖에 없습니다.

설령 실패했더라도 실패를 통해 배워나가는 것이라고 생각을 전환하면 고민은 없을 겁니다. 실패한 상황을 수없이 되새김질하면서 후회의 늪에 빠지면 긍정적인 삶을 살지 못합니다.

미래와 단절했듯이 과거도 끊어내면 후회할 일은 사라지고 삶을 대하는 태도 또한 바뀝니다. 그런데, 미래가 실제 경험이 아닌 상상의 소산인 것과 달리 과거는 실제로 경험했고 여전히 기억 속에 있습니다. 따라서 과거를 분리하는 것은 아직 일어나지 않은 미래를 분리하는 일보다 훨씬 어렵습니다.

저는 어릴 때부터 아버지와 관계가 좋지 않았습니다. 어린 시절 딱 한 번 아버지에게 맞은 일이 있는데, 지금에는 그때 왜 그런 일이 있었는지 명확하게 생각이 나진 않지만, 그 기억은 오래도록 아버지와의 사이를 가로막는 장애물로 작용했습니다. 어머니와는 달리 아버지와는 마음을 열고 대화한 기억이 없습니다. 하지만 아버지와의 관계가 늘 나쁜 건 아니었습니다. 당연히 일상적인 담소는 나눴고 좋은 기억도 많습니다. 그런데도 이따금씩 아버지에게 맞은 일이 떠올라 괴로울 때가 있습니다. 여기에는 이유가 있습니다. 아버지는 본래 무서운 사람이었습니다. 그래서 은연중에 아버지와 사이가 좋아지면 안 된다는 경각심이 과거의 맞았던 기억을 소환하는 것일 겁니다. 왜 아버지와의 관계를 개선하려 하지 않았는지 그 이유는 뒤에서 찬찬히 이야기하겠지만, 관계가 가까워지려 할 때마다 과거의 일이 떠올라 아버지를 밀어냈다는 것이 진실에 가까울 겁니다.

저는 왜 아버지와의 관계를 개선하려 하지 않았을까요? '개인심리학'의 선구자 알프레드 아들러Alfred Adler는 '모든 고민의 원인은 대인관계에 있다'고 했습니다. 대인관계에는 크든 작든 마찰이 있게 마련입니다. 싫어하거나, 미움받거나, 상처받습니다. 그럴 바엔 누구와도 대인관계를 맺지 않겠다는 사람이 있어도 이상한 일은 아닙니다.

나는 아버지와 가까워지는 것이 두려웠습니다. 내가 대학에서 철학을 공부하겠다고 했을 때, 아버지는 어머니를 통해서 반대하려 했습니다. 어머니는 그때 "그 애가 하는 건 전부 옳으니까 지켜봅시다."라며 아버지를 설득했습니다. 내 생각에 어머니는 내 삶의 방식을 이해해주었지만, 아버지는 달랐습니다. 아마도 그때 저는 내 삶의 방식을 이해하지 않는 아버지와 갈등하느니 차라리 거리를 두기로 했을 겁니다.

다시 말해, 내가 아버지에게 맞은 기억에 사로잡혀서 과거를 놓아버리지 못한 것은, 아버지와의 관계를 개선하려는 의지가 없었기 때문입니다. 아버지와 좋은 관계를 이어가지 않겠다고 결심한 것이나 마찬가지입니다. 그렇다고 한다면, 관계를 개선하기 위해서는 내가 그 결심만 철회하면 되는 문제였습니다.

과거를 떠올려서 오늘의 행복에 브레이크 걸 필요는 없다

> 지난 나를 되돌아보니 특히 실언들이 생각나서 자책감에 시달리게 됩니다. 어떻게 하면 앞으로의 삶이 평온해질까요?

실언하지 않는 사람은 없습니다. 실언으로 상처를 주기도 하고 화나게 하기도 하고 관계가 소원해지다가 다시 안 보는 사람도 생깁니다. 고의로 남에게 상처를 주거나 화나게 하는 사람은 없습니다. 실언하고 전혀 후회하지 않는 사람도 없지요. 그러나 질문을 한 사람처럼 자신의 실언을 떠올리고 그때마다 심한 자책감에 시달리느냐 하면 그렇지 않습니다.

자책감에는 과거로 눈을 돌리려는 목적이 있습니다. '앞으로의 삶을 모색'하는 것은 바람직한 태도이지만, 과거에 대한 집착을 멈추지 않는 한 '모색'에서 한 발짝도 나아가지 못합니다.

철학자 모리 아리마사森有政는 다음과 같이 말했습니다.

일전에 일흔 넘은 한 노인이 절실하게 말했다. "70년 세월이 꿈처럼 지나가버렸어요. 남은 건 그리운 젊은 날에 대한 회상뿐입니다. 청춘은 짧다고들 하는데, 짧은 정도가 아니라 눈 깜짝할 사이에 지나갑니다." 나는 이 노인이 실제로 체험한 느낌을 이야기했다고 생각한다.[1]

모리는 인생의 마지막에 이르러 지난 생을 회고하니 호시절은 젊을 때이며 이때와 견줄 만한 때는 없지 않느냐고 물으면서 일흔 넘은 한 노인의 말을 인용했습니다. 나는 노인이 "남은 건 그리운 젊은 날에 대한 회상뿐"이라고 한 점에 주목합니다.

전 생애를 통틀어 어떤 삶을 살았느냐에 따라 인생의 종착역에서 느끼는 감상은 다릅니다. 어떻게 살아야 '그리운 회상'만을 남길지 그 방법에 대해서는 계속 생각해가기로 합시다. 여기서는 자책감에 시달리게 할 과거의 기억을 떠올리는 것은 무기력한 인생을 살 수밖에 없다고 믿기 위한 구실 찾기라는 점을 말해두고 싶습니다.

인간관계는 많은 이가 상처받을까 두려워할 수밖에 없는 아주 번거로운 행위입니다. 그러나 살아가는 기쁨과 행복도 인간관계 속에서만 얻을 수 있습니다. 만족스러운 인간관계를 정립하기 위해서는 과거를 떠올려서 오늘의 행복에 브레이크 거는 일을 멈춰야 합니다.

과거를 어떻게 기억할지는 오늘 결정하면 그만

좋지 않았다고 오래도록 믿었던 아버지와의 관계는 조금씩 개선되었고 아버지의 상태가 돌봄이 필요한 단계로 들어선 무렵부터는 오히려 좋아졌습니다.

그러자 여태까지 아버지와 함께한 인생에 대한 생각이 달라졌습니다. 만년의 아버지와의 관계, 아버지에 대한 내 생각이 변했기 때문입니다. 아버지와의 관계 개선을 거부하기 위해 아버지에게 맞은 기억을 애써 되새길 필요가 없어졌고 아픈 과거의 기억도 어느새 존재하지 않게 되었습니다.

그 대신 아버지와의 그리운 회상만이 살아났습니다.

과거는 지나갔습니다. 과거로 돌아갈 수도 없습니다. 과거에 있던 일을 지금 아무리 후회한들 소용없습니다. 과거를 떠올려 보았자 과거에 자신이 한 행위를 정당화하기 급급할 뿐입니다. 달리 방도가 없었다는 식으로 말입니다. 혹여 내가 저지른 실수로 인해 주변 사람의 눈초리를 받는다면, 이는 내가 선택한 일의 결과로써 통과해야 하는 당연한 난관이라고 생각하면 됩니다.

과거에 관계가 틀어진 사람과의 일을 끊임없이 떠올리며 집착하는 사람이 있습니다. 관계를 악화시키는 계기가 된 자신의 말과 행동을 곱씹고 후회합니다. 상대를 원망하고 분노하기도 합니다. 이런 경우 후회해도 분노해도 관계는 좋아지지 않습니다.

후회는 자신을 질책하는 감정인데, 후회가 타자를 향한 분노로 변용되기도 합니다. 자신이 먼저 관계 개선을 시도하지 않는 것은 나는 옳고 상대가 틀렸다고 믿기 때문입니다. 여기에는 관계 개선을 반대하는 의지가 담겨 있습니다.

관계를 개선하는 것도 안 하는 것도 '지금' 결정할 수 있는 문제입니다. 과거의 일과는 상관없이 관계를 어떻게 이어갈지 '지금' 결정하면 됩니다.

2장

내 마음을 바꾸면,
주변 사람도 달라진다

이 흔들리는 감정과 어떻게 마주할 것인가

문제는 언제나 관계에 있다

과거에 대한 후회가 자신의 판단과 결정에 의한 것이라면 큰 문제는 되지 않습니다. 미래에 대해서도 나에게 일어난 일의 결과만을 책임지면 그만입니다. 하지만 우리의 문제는 언제나 우리 주변의 인물들과 얽히고설켜 있습니다. 이로 인해 생기는 불안과 후회, 분노는 직면한 과제를 해결하는 데 도움이 되지 않습니다. 오히려 이런 감정들은 현상 유지를 위해 혹은 자신이 옳다는 것을 뒷받침하고 필요에 따라서는 타자를 비난하기 위해 만들어졌을 가능성이 높습니다. 대인관계를 개선하려면 그런 감정들로부터 먼저 자유로워져야 합니다.

감정 조절을 위해 명상과 마인드컨트롤을 해보지만, 현실로 복귀하면 전부 원점으로 돌아갑니다. 가족, 친구와 신나는 한때를 보내도 모두가 돌아가고 나면 다시 적막 속에 잠깁니다. 따라서 대인관계에 따른 문제를 일시적이 아니라 근본적으로 해결하기 위한 방법을 고찰해야 합니다.

감정의 목적

사람은 후회, 불안, 분노 같은 감정을 목적을 위해 창출합니다. '감정에 목적이 있다니?' 생소한 이야기일 수 있습니다. 우리는 통상 원인이 있고 그 결과로서 감정이 일어난다고 여깁니다. 이를테면 카페에서 종업원이 커피를 쏟아 손님의 옷을 더럽혔다고 칩시다. 발끈한 손님은 매우 분노해 고성을 지릅니다. 이 경우, 커피를 쏟은 일과 고성을 지른 것 사이에는 시차가 없습니다. 따라서 커피를 쏟은 일이 원인이고, 분노하고 고성을 지른 것이 결과라는 인과관계가 있는 듯 보입니다.

하지만 이러한 상황에서 누구나 고성을 지르는 건 아닙니다. 손에 쥔 돌을 놓으면 반드시 지면으로 떨어지지만 인간의 행위에는 어떤 원인이 있다고 해서 누구나가 똑같이 반응하는 필연성을 보이지 않습니다.

만약에 커피를 쏟은 쪽이 호감형의 아르바이트생이었다면 손님은 고함을 치는 대신 "괜찮아요."라고 관대하게 대응했을지도 모릅니다. 왜 이런 차이가 발생할까요? 그 차이는 '목적'이라는 것을 가지고 설명할 수 있습니다. 고성을 지르고 분노한 행위에는 사과를 받아내려는 목적이 들어 있습니다. 대개는 손님이 트집을 잡으면 직원은 사과하고 손님의 불합리한 요구에 굴복합니다. 만일 상대가 호감형의 아르바이트생이라서 불끈 화를 내지 않았다면, '이만한 일에 격분하지 않고 신사적으로 행동할 줄 아는 괜찮은 사람'이라는 인상을 주기 위한 목적이 숨어 있습니다.

미움받기를 두려워하지 않기

자기 결정을 타자가 어떻게 받아들이고 생각할지 염려하는 사람은 언제나 불안해하고 자주 후회합니다. 후회하지 않을 결정이라면 쓸데없이 신경 쓸 필요가 없습니다. 그러면서도 마음이 동요하는 건 역시나 다른 사람들이 나를 어떻게 생각할지 신경쓰기 때문입니다.

> 대인관계는 참 어렵습니다. 주변과 즐겁게 지내려 애쓰고 참아야 하는 데서 오는 스트레스가 큽니다. 하지만 이렇게 해서라도 주변 사람들과 웃을 수 있다면 결과적으로 좋은 거겠죠?

결과적으로 웃을 수 있다는 말은 좋은 결과가 생긴다는 말인데, 그러기 위해 애를 쓰고 참아야 한다는 것은 아이러니합니다.

마찰을 피하려고, 하고 싶은 말과 행동을 참아가며 타인에게 맞추어 살면, 분명 남의 미움을 사지 않을 수는 있습니다. 하지만 타인이 나를 어떻게 생각할지 신경 쓰느라 스스로는 어떤 결정도 내리지 못하게 됩니다. 그렇게 되면 인생의 방향성을 내가 정할 수 없습니다. 자기 인생을 살아간다는 것도 불가능해집니다.

이런 사람일수록 더욱 미움받을 용기를 가져야 합니다. 미움받을 용기를 갖는다는 것은 '미움을 받으세요'라는 의미가 아니라 '미움받기를 두려워하지 마세요'라는 의미입니다. 미움받기를 두려워하는 사람은 하고 싶은 말과 행동을 자제하기 때문에 타인과 충돌하지 않습니다. 이들은 사람 좋다는 소리를 들을지는 모르지만, 주체성 없는 삶을 삽니다. 누구에게나 웃는 얼굴로 대하는 동시에 자기주장은 전혀 하지 않기 때문에 장기적으로는 오히려 신뢰를 잃게 됩니다.

반대로 미움받기를 겁내지 않고 서슴없이 말하고 행동하면 타인과 충돌할 수밖에 없습니다. 그 결과 미움을 받거나, 원망을 듣거나, 상처를 입습니다. 그러나 주변에 나를 싫어하는 사람이 있다는 건 역으로 자유로운 삶을 살고 있다는 증거이며, 이는 자유로운 삶을 위해 치러야 하는 필수적인 대가입니다.

이제껏 타인에게 맞추어오기만 했다면, 그저 미움받기를 두려워하지 않는 것만으로도 충분히 새로운 삶을 살아갈 수 있습니다. 미움받기를 겁내면 하고자 하는 어떤 말과 행동도 하지 못한 채 타인에게 끌려가는 인생을 살게 됩니다.

그렇다고 제멋대로 굴어도 괜찮다는 뜻은 아닙니다. 이제껏 자기를 억압하고 산 사람이 있다면, 아마도 그는 자신의 말과 행동이 타인에게 어떻게 받아들여질지를 염려하는 상냥한 사람일 것입니다. 적어도 고의로 남에게 상처 주는 행동은 하지 않겠지요. 이런 사람이 타인의 반응에 아랑곳없이 하고 싶은 대로 말하고 행동하기로 결심했다고 해서 쉽게 실행에 옮길 수는 없을 겁니다. 미움받기를 두려워하지 않겠다고 해서 제멋대로 굴거나 오만방자해질 수 있는 사람도 실은 많지 않습니다. 타인이 어떤 반응을 보일지에만 집중하느라 삶의 지침을 <u>스스로</u> 결정하지 못하면 자기 인생을 살지 못하게 된다는 것을 기억하기 바랍니다.

> 나이 들어 미움받는 건 쓸쓸한 일입니다. 가족에게 미움을 받게 되면, 남은 삶을 살아나갈 힘을 모두 잃게 된다는 생각을 이 나이 먹도록 하지 못했습니다. 그런데 이젠 남에게 미움받는 일이 당연하게 느껴지기까지 합니다.

미움받기를 두려워하는 사람은 남에게 자신을 맞추게 되어 자기 인생을 살지 못한다는 이야기를 앞에서 했습니다. 또 한 가지 문제는 정작 해야 할 말을 하지 않고, 해야 할 행동도 할 수 없다는 겁니다.

만일 같은 아파트 단지에서 위험하게 장난을 치는 아이를 보았다면, 주의를 주는 일 정도는 정당합니다. 그 아이의 부모로부터 지적받을 일이 두려워서 위험하게 구는 아이를 보고도 못 본 척하는 것은 이상합니다.

단, 막무가내로 야단치면 안 됩니다. 야단을 치더라도 이성적이고 의연한 태도로 잘못만 지적하면 됩니다. 이렇게 야단쳐서 미움받을 일은 없습니다. 가족 내 문제인 경우에도 다르지 않습니다. 감정에 휘둘려서 가족끼리 서로에게 밉고 성가신 사람이 될 이유는 없습니다.

> 누구에게라도 한 번 미움받기 시작하면 서로의 관계가 끝이 날 것이라는 두려움 때문에 모두에게 호감 가는 행동만 하려고 노력합니다. 그러다가 이내 지쳐버리고요. 내가 정말 의지해야 할 사람은 누구일까요? 소중히 여겨도 좋을 사람은 누구이고, 소중한 것은 무엇인지 알고 싶습니다.

고민을 털어 놓은 위의 분은 한 번 눈 밖에 나면 인간관계마저 끝내버리는 사람은 미덥지 않다고 은연중에 이야기하고 있습니다. 일부러 미움받을 행위를 할 필요는 없지만 가족, 친구라면 부득이 상대에게 진지한 충고를 해야 할 때도 있을 겁니다.

상대의 반응까지 신경 쓰면 어떤 말도 할 수 없습니다.

> 인간관계로 고민하고 있습니다. 여태 잘 지내던 사람인데 어느 날부터 저를 마주쳐도 못 본 척합니다. 왜 그럴까요? 나의 어떤 점이 마음에 안 들었는지, 어디서부터 잘못되었는지 고민하는 나 자신을 질책했습니다. 다른 사람에게 고민을 털어놓기도 했습니다. 나를 외면하는 사람에게 무턱대고 굽히고 싶지도, 그렇다고 그 사람을 험담하는 얘기도 듣고 싶지 않습니다. 고민해도 답이 나오지 않아서 결국 저도 같이 외면하기로 했습니다.

이런 일은 허다합니다. 이런 때, 그 사람과 친구 관계를 유지하기로 마음을 정했다면, 가능한 외면하는 이유를 그에게 직접 물어봐야 합니다.

다만 외면하는 이유를 상대방 본인도 모르는 경우가 많다는 것을 알아야 합니다. 전에는 좋게 보였던 행동이 갑자기 싫어지기도 하니까요. 친절하다고 생각한 사람이 돌연 우유부단해 보이고 의지가 되던 사람이 나를 지배하려고 구는 것처럼 느껴지는 것과 흡사합니다. 반드시 관계를 개선해야겠다는 생각이 아니라면, 자신에게 호감이 없는 사람을 위해 마음을 다치면서까지 평온한 일상을 깰 이유는 없습니다.

'내'가 없는 공동체는 없다

사람은 혼자 살아가지 않습니다. 타자와의 관계 속에서 살아갑니다. 당연하게도, 타자에게 모든 걸 맞추는 건 불가능합니다.

사람과 사람의 결연을 공동체라고 합니다. 그 최소 단위는 '나와 당신'이고 이 공동체는 가족, 학교, 직장, 지역사회, 국가, 우주로까지 확장됩니다. 공동체 안에서 인간은 단지 수동적으로 소속되어 있지 않습니다. 많은 경우 이미 형성된 기존의 공동체로 편입하게 되는데, 자신보다 먼저 그 안에 편입해 있던 사람을 무조건 따라야 할 필요는 없습니다.

공동체의 최소 단위인 '나와 당신'의 경우, 나는 '나와 당신'이라는 기존 공동체에 나중에 편입한 것이 아닙니다. '나'와 '당신'으로 이루어진 최소 공동체는 두 사람이 만나는 동시에 성립합니다. '나'만의 혹은 '당신'만의 공동체는 없는 겁니다.

더 큰 공동체를 살펴보겠습니다. 내가 가족이라는 공동체의 일원이 되기 전에도 가족 공동체는 이미 존재했습니다. 하지만 내가 가족의 일원이 되면서부터 내가 편입하기 이전의 공동체는 존재하지 않게 됩니다.

고등학생들에게 조부모에 대해 어떻게 생각하는지를 묻는 설문에서, 많은 학생들이 '가족 혹은 부모 사이를 이상하게 만드는 사람'이라고 대답했다고 합니다.[2] 조부모 입장에서 보면 이런 식으로 손자에게 인식되는 것이 기쁜 일은 아닙니다. 하지만 이 정도로 가족의 모습이 바뀌었다는 것을 인정해야 합니다. 이제까지 따로 살던 조부모와 동거하게 되었을 때는 물론이고, 조부모를 돌보는 문제를 식구 중 누군가가 언급하기만 해도 찬바람을 일으킬 수 있습니다. 조부모가 실제로 어려운 사람이라서가 아닙니다. 지금까지는 조부모와 관계가 좋았다고 해도 막상 동거가 시작되면 새로운 공동체가 탄생하는 것이니만큼, 가족관계에 상당한 영향을 미치기 때문입니다.

내 인생에 함부로 개입하려는 사람들에게

타자에게 어떻게 행동할 것인가

아들러는 다음과 같이 말했습니다.

> 더는 자신이 불필요한 존재가 된 건 아닌지 두려워하는 사람
> 은 투덜투덜 잔소리하는 비평가가 된다.[3]

누구도 자신을 필요로 하지 않고 아무런 영향력도 끼칠 수 없
는 것에 불만을 느끼는 사람은, 성가신 존재가 되거나 미움받을
수밖에 없는 행동을 하기 쉽습니다. 여기에는 인정 욕구가 내재
합니다. 그렇게 해서라도 공동체 내에서 자기 자리를 찾으려는
겁니다.

한편, 아들러는 미움받고 싶지 않아서 '너그럽고 마음씨 좋은

사람'이 되려고 노력하는 사람도 있다고 지적합니다. 이런 사람은 남의 일에 한마디도 끼어들지 않고 가까운 이들의 인생에 무관심합니다. 상대의 관점에서 보면 시끄럽게 떠드는 쪽보다는 훨씬 고마운데, 구성원으로서 옳은 행동인가 하면 그렇지 않습니다.

자발적으로 결정한 어떤 일로 문제를 맞닥뜨린 누군가가 있다고 칩시다. 실현 가능한지 어떤지는 접어두고서라도, 뭔가 도움이 되고 싶다는 생각 정도의 관심은 가져도 무방합니다. 그 일에 대해 시시비비를 말해도 좋은, 혹은 반드시 말해야 하는 상황이 있을 테니까요. 그런데도 잠자코 있는 이유는 자신의 견해를 그들이 받아들여서 그 결과, 그들의 운명에 조금이라도 영향을 주었다는 책임을 지고 싶지 않아서입니다.

그렇다고 이들 미움받기를 싫어하는 사람들이 공동체 내에서 아무 역할도 하지 않는 건 아닙니다. 성가신 존재가 되거나 미움받는 행위를 하면서까지 인정받으려는 사람도, 하고 싶은 말이며 행동을 아무것도 하지 않는 사람도 그들의 행위 자체는 타자에게 영향을 줍니다.

자신이 공동체에 존재하는 것만으로도 대인관계의 양상이 변합니다. 현상에 뭔가 개선이 필요하다고 생각될 때는 참을 필요 없이 적극적으로 행동해도 됩니다.

모든 갈등은 참견에서 일어난다

무조건 행동에 나선다고 능사는 아닙니다. 행동하기 전에 지금 벌어진 일이 누구의 '과제'인지 판단해야 합니다. 누구에게서 최종적 결말이 일어나는지 혹은 누가 최종 책임을 지는지 따졌을 때, 그것이 누구의 '과제'인지 판명됩니다.

비혼주의자인 자식 문제로 상담을 받으러 온 사람이 있었습니다. 결혼을 할지 말지, 한다면 언제 누구와 할지, 이는 명백히 (라고 해도 좋을 테지만, 저항하는 사람도 많습니다) 자식의 과제이지 부모의 과제는 아닙니다. 결혼을 하든 안 하든, 결혼 상대자가 누구이든 결말은 자식의 몫이지 부모의 몫은 아니니까요.

애초에 모든 대인관계의 갈등은 남의 과제에 함부로 끼어들거나 참견해서 일어납니다. 부모는 자식에게 '공부하라'고 잔소리를 하지만, 공부하는 것도, 하지 않는 것도 자식의 과제이므로 부모는 말을 해서도 안 되고 할 수도 없습니다. 자식도 공부가 불필요하다고 여기는 건 아닙니다. 공부에 대한 필요성은 알지만, 부모의 잔소리가 싫을 뿐입니다. 부모는 자식이 공부하지 않을 때도, 진학, 취직, 결혼 등 인생의 선택지 앞에 섰을 때도 묵묵히 지켜볼 수밖에 없습니다.

왜 타인의 과제에 참견하고 싶어질까요? 그들이 자력으로는 그들의 과제를 해결할 수 없다고 의심하기 때문입니다. 요지는 신뢰하지 않는 데 있습니다. 사람은 자신을 아이 취급하는 상대를 귀찮아하고 멀리하기 마련입니다.

어머니가 뇌경색으로 쓰러졌을 때, 의사는 어머니가 아닌 가족에게 먼저 어머니 병세를 설명했습니다. 요즘은 환자 본인이 우선이지만, 그 당시는 가족이 우선이었습니다. 회복 경과가 좋아서 곧바로 퇴원해도 될 줄 알았는데, 의사의 설명은 기대를 배신했습니다. 저는 경과가 좋지 않다는 진실을 알면 어머니가 견딜 수 있을지, 불안해하거나 침울해지는 건 아닐지 걱정했습니다. 그래서 진실을 알릴 수 없었습니다. 어머니를 믿지 못했던 겁니다. 하지만 어머니는 자신의 병에 관한 진실을 알고 있어야 했습니다. 설령 진실을 알고 동요하는 한이 있더라도 그것은 어머니가 받아들여야 하는 과제였으니까요.

사랑하는 가족에게 "당신의 병은 완치 불가능할지 모릅니다."라고 말하려면 용기를 내야 합니다. 가족이라고 해도 병에 걸린 사람의 인생을 대신 살아줄 수 없습니다. 자신의 병에 대한 무거운 진실을 모든 이가 감당하지 못하는 건 절대 아닙니다. 주변인이 할 수 있는 것은, 그 사람이 질병과 함께 여생을 살아가는 과제에 집중할 수 있다고 신뢰하는 일입니다.

본인의 의사를 확인할 수 없을 때 가족이 지는 부담은 큽니다. 저는 아버지의 연명치료를 해야 할지 말아야 할지 망설였습니다. 아버지는 이미 스스로 판단할 수 있는 상태가 아니었기 때문에 내가 아버지를 대신해서 결정해야 했습니다. 연명치료는 하지 않겠다고 대답했는데, 그것이 아버지가 원한 대답이었는지는 지금도 확신할 수 없습니다.

타인의 과제를 돕고 싶다면

누구의 과제인지 명확히 알고 타자의 과제에 끼어들지 말라고 했다 해서 타자를 도우면 안 된다는 의미는 아닙니다. 사람은 혼자서는 살아갈 수 없는 존재이므로 타자를 돕고 협력하며 살아야 합니다. 하지만 도우려면 절차를 밟아야 합니다. 도우려 해도 실타래 엉키듯 얽혀서 누구의 과제인지 명확하지 않은 경우가 있습니다. 그럴 때에는 우선 누구의 과제인지부터 확실히 해둘 필요가 있습니다.

그러고 나서 이를 테면, "네 문제에 관한 이야기를 나눠도 될까?"라고 대화의 마중물을 붓습니다. 상대방이 동의하면 대화를 시작합니다. 주의할 점은, 결코 자기 견해를 강요하지 않는 겁니다. '내 생각은 이렇다'라고 자기 생각, 의견일 뿐임을 분명히 밝혀야 합니다.

상대가 나의 의견을 거절한다면 "준비는 되어 있으니까, 언제라도 도움이 필요하면 편하게 얘기해."라며 물러서는 방법밖에 없습니다. 하지만 도움을 요청해와도 할 수 있는 게 없고, 딱히 해줄 조언이 없을 때도 있습니다. 그런 때는 할 수 있는 게 없고 어떤 조언을 주어야 할지 모르겠다고 솔직하게 고백하는 것이 좋습니다.

상대가 '그럴 바에야 그냥 내버려두지 그랬냐'고 원망할지, 혹은 도움은 되지 않았지만 관심을 가져줘서 고맙다고 말할지는 그 사람과의 평소 관계가 어떠했느냐에 따라 다릅니다. 아무런 힘이 되어주지 못한 것 같아도, 상대가 그것을 계기로 타인에게 의지해서는 안 되겠다는 교훈을 얻었다면 그 사람의 자립에 도움을 준 셈입니다.

때론 거절이 관계를 개선한다

> 제멋대로 남의 생활에 개입하려 드는 사람과는 어떻게 관계를 이어가면 좋을까요?

확실하게 거절하는 수밖에 없습니다. 내 과제이니 참견하지 말아 달라고 하는 겁니다. 내 인생이니 내가 결정하면 됩니다. 아버지는 자신이 믿는 종교를 내게 전도하려 했습니다. 아버지가 어떤 종교를 믿건 그것은 아버지의 과제이므로 거기에 동참할 생각은 안 해봤기 때문에 난감했습니다. 자기 물건을 팔려는 사람을 상대하는 것이라면 이야기가 간단합니다. 그냥 거절하면 되니까요. 이때 거절하는 이유를 밝히지 않는 것이 중요합니다. 이유를 대면 상대는 기대감을 안고 더 설득하려 듭니다. '지금은 살 수 없다'고 하면 '그럼 언제면 가능하냐'며 물고 늘어지는 건 정해진 순서입니다.

그런데 상대가 가족이라면 거절한 일이 계속해서 관계의 걸림돌로 작용할 우려가 있습니다. 나는 그저 아버지의 이야기를 들어주기로 했습니다. 이해하는 것과 찬성하는 것은 별개의 문제이므로 "당신의 생각은 충분히 이해합니다. 그렇지만 찬성은 할 수 없습니다."라고 견해를 밝히면 됩니다.

일반적으로 말하면, 거절함으로써 그 사람과의 관계가 결정적으로 악화할 것 같다면 거절하지 않는 편이 낫습니다. 다만 자신의 자유가 위협받을 경우, 그때는 단호히 거절해야 합니다. 미움받기를 두려워할 필요는 없습니다.

도움을 요청해야 하는 순간

혼자 해결할 수 있는 인생은 없다

'지금 일어나고 있는 일은 누구의 과제일까?'라는 식의 질문을 일반적으로는 아무도 하지 않습니다. 따라서 어떤 일이든 스스로 해결해야 하고, 타인이 해결할 수 있는 일에 간섭하고 참견하는 행위가 대인관계의 갈등을 초래한다는 생각을 좀처럼 하기 어렵습니다. 당연히 자신은 참견하고, 간섭하고 있다는 의식도 없습니다. 선의에 따른 조언이고 도움이라고 생각하기 때문에 지원(이라고 믿는 것이지만)하겠다는 의사표시를 했는데 거절당하면 불쾌하게 여기는 사람도 있습니다.

부모는 자신의 체면을 지킬 수밖에 없는 상황에서도 "너를 위해서야."라고 말합니다. 이때 간섭받는 쪽은 단호하게 거절 의사를 표시해야 하는데 타인이라면 간단하지만, 상대가 부모라면 쉽지 않습니다.

대인관계의 갈등은 타인이 과제에 무단으로 간섭해서 일어나기 때문에 단순하게 생각하면 타자의 과제에는 일절 간섭하거나 참견하지 않는 게 최선입니다. 하지만 말처럼 간단한 일은 아닙니다. 무엇이든 자력으로 할 수 있으면 좋지만, 타자의 도움이 필요할 때가 있습니다. 나이가 들고 병에 걸리면 젊을 때와는 다르게 할 수 있는 일이 제한됩니다. 그렇게 되면 자기 과제이지만 자력으로는 해결하기 어려워 도움을 구해야 합니다. 이를테면 연명치료는 본인이 결정하는 것이 바람직하지만, 가족의 의견을 듣지 않고 독단으로 결정하기는 어렵습니다. 그런데 정작 이런 상황에서는 도움을 청하려 하지 않는 경우가 있습니다.

도움을 꺼리는 이유

특히 심리상담을 통해 수많은 사람과 만나면서 느낀 점은, 타인에게 도움을 요청하기 힘들어하는 사람이 많다는 겁니다. 부탁하지도 않은 남의 과제에 참견하는 것은 문제입니다. 그런데 실제로 도움이 필요한 사람이 도움을 요청하지 않는 것도 큰 문제입니다.

심리상담을 해온 경험에서 말하자면, 남성이 상담실 문을 두

드리는 일은 드뭅니다. 상담자의 조언은 들을 필요가 없다고 생각하기 때문일 수도 있고, 자기의 약한 면을 보이고 싶지 않기 때문일 수도 있습니다. 아무리 괴로워도 자력으로 해결해야 한다며 버틸 때까지 버티다가 우울증에 이르러서야 병원 문을 두드립니다. 굳이 의사의 진단을 받거나 상담을 받지 않더라도 조금만 일찍 누군가와 대화만 할 수 있었어도 사면초가의 상태에서 병을 얻지는 않았을 겁니다.

남에게 도움을 요청하지 않는 것은 그것을 연약함의 표현이라고 간주하기 때문입니다. 극한 상황에 몰려서 죽음까지 생각하는 사람에게는 도움을 요청하는 행위가 생사를 좌우합니다. 그럼에도 불구하고 대체 왜 도움을 청하길 주저하는 걸까요?

나를 억누르는 도덕으로부터의 자유

우선 도덕이 주는 압력이 있습니다. 당위성을 중시하는 세상으로부터 무언의 압력을 느끼고, 고민이나 걱정을 아무에게도 털어놓지 않는 경우가 있습니다.

만성신부전으로 주 3회 혈액 투석을 받는 18세 여성이 있었습니다. 의사는 신장 이식을 제안했습니다. 수술 후 신장 정착률은 100퍼센트를 보장할 수 없으며, 상태에 따라서는 적출 수술을 다시 하는 상황이 발생할 수도 있다는 보충 설명도 했습니다.

조직 적합성 검사 결과, 어머니만 적합 판정을 받았습니다. 수술 준비가 진행되던 중 어머니는 허탈해졌습니다. 이를 알아차린 간호사가 어머니와 이야기를 나눴습니다.

"딸을 살리려면 내 신장이 필요하다는 건 잘 압니다. 그런데 시어머니가, '엄마라면 그깟 일쯤 당연히 하는 거지'라고 했을 때 이건 아닌데 싶었습니다. 이렇게 뭔가 석연치 않은 기분으로 수술대에 눕는다고 생각하니 견딜 수 없이 불안합니다."

제가 도덕이라고 한 것은 "엄마라면 그깟 일쯤 당연히 하는 거지."라고 했을 때의 '당연'을 가리킵니다. 당연하다는 단정은 도대체 누가 내릴 수 있을까요? 이 상황에서 딸을 구할 수 있는 사람은 어머니가 유일하니, 어머니가 신장 공여자가 되어야 한다고 생각하는 사람은 꽤 있을 겁니다. 그러나 어머니 역시 신장 적출에 따른 위험성을 감수해야 합니다. 엄마니까 딸에게 신장을 떼어주는 게 당연하다고 여기는 사람에게 두 모녀의 일은 어차피 타인의 일입니다. 세상이 정한 당연함이 항상 합리적이지는 않습니다.

어떤 일이 반드시 당연한지 아닌지는 자명하지 않습니다. 그래서 많은 철학자들이 상식을 의심합니다. 상담자도 이렇게 해야 당연하다는 식의 설교는 할 수 없습니다. 내담자의 견해를 일축해버리는 상담자에게 상담하러 올 사람은 없을 겁니다.

원치 않는 일에 대한 고충을 토로하면서도 당연히 자기가 해야 하는 일로 여기는 사람이 많습니다. 하지만 현실적으로 자신이 할 수밖에 없는 상황에 직면해서도 한 번쯤 '당연'이라는 틀을 벗어나 생각해볼 필요가 있습니다. 이럴 때 어떤 이야기를 털어놔도 절대 비난하지 않을 친구가 있다면 좋습니다. 중요한 것은, 자신을 궁지로 몰아넣지 말아야 한다는 점입니다.

스스로 판단이 서지 않을 때, 신뢰할 수 있는 누군가가 없다면 혼자 문제를 해결해야만 한다고 생각하기 쉽습니다. 실제로 '당연'이라는 말로 우리를 몰아붙이는 사람들도 존재할 것입니다. 하지만 모두는 아닙니다. 얘기해서 다 털어내고 나면 '나에게도 비슷한 경험이 있다', 혹은 '나도 비슷한 압박감을 느낀 적이 있다'고 공감해주는 사람이 있을 겁니다. 앞에서 신장을 공여한 어머니는 '엄마니까'가 아니라, 딸이 새 삶을 사는 데 힘이 되고 싶다는 마음으로 수술대에 누웠습니다.

민폐를 끼치는 것이 아니라 의지하는 것

남에게 도움을 요청하면 안 된다고 여기는 또 한 가지 이유는 폐를 끼치지 않으려는 생각을 하기 때문입니다. 연명 치료를 거부한 뒤 아직 판단 능력이 남아 있을 때, 자신의 목숨줄을 끊어낼 사람과 대화하는 환자의 심정은 참혹할 겁니다. 종교적 신념이나 지속적인 고통을 제거하려는 생각에서가 아닌, 가족에게

폐가 될지도 모른다는 생각에서 내린 결단일 경우에는 더더욱
그렇습니다.

> 마지막까지 주위에 폐를 끼치지 않고 건강한 몸과 맑은 정
> 신으로 자신의 일을 선택하는 인생을 살고 싶습니다.

> 오래 사는 건 전혀 바라지 않습니다. 다른 사람에게 폐가
> 되지 않는 인생을 살다 가는 방법은 없을까요?

저 또한 부모님 간호와 돌보기를 경험한 까닭에 가족에게 폐
가 되고 싶지 않은 마음을 이해합니다. 그런데 타인의 신세를 지
는 것이 '폐'가 되는 일인지는 분명하지 않습니다.

혼자서도 할 수 있다면 남에게 의지하지 않는 것이 좋습니다.
하지만 언젠가는 '정말로' 몸이 이겨내지 못하게 되는 때가 옵니
다. 그때 가서도 주변 사람에게 폐를 끼치면 안 된다고 생각할
게 아니라 의지하는 것이 현명합니다. 주변에는 의지해주기를
바라는 사람도 있습니다.

신체 움직임이 자유롭지 못하고 건망증이 심해져도 이로 인
해 남에게 '폐'가 되는 것은 아닙니다. 아픈 아이가 있다고 생각
해봅시다. 아이를 간호하는 것 자체가 괴로울까요? 아닙니다.
고열로 몸이 펄펄 끓는 아이 대신 아파줄 수 없어서 괴로울 것입

니다. 아이의 열이 내리면 그것으로 기뻐할 것입니다. 아이는 부모가 밤새도록 간호한 줄도 모릅니다. 물론 고마워하지도 않습니다. 그래도 부모는 그것을 불만으로 여기지 않습니다.

아이는 아프면 부모에게 폐를 끼친다는 생각 없이 부모를 의지합니다. 물론 "의지하겠습니다." 선언하고 아프기 시작했던 것도 아닙니다. 병과 맞서 싸운 건 아이이고, 부모는 단지 아이 곁을 지켰을 뿐이며, 아이의 아픔을 대신해줄 수 없었다 하더라도 아이에게 도움이 되었다고 느낍니다. 부모가 아이를 간호할 때의 마음을 말로 표현하면 공헌감貢獻感입니다.

아이에게 공헌함으로써 부모는 공헌감을 느꼈습니다. 머지않아 간호를 받게 되는 부모 또한 자신이 공헌함으로써 가족이 공헌감을 느낄 수 있다고 믿어서 안 될 이유는 없습니다.

> 그다지 잘못하지도 않았는데, 그만 "미안합니다.", "죄송합니다."라고 사과하는 버릇이 있습니다. 어떻게 하면 고쳐질까요?

약속 장소에 늦게 도착해서 "미안해."라고 말하는 사람이 있습니다. 기다린 사람은 그런 사과가 기쁘지 않습니다. 늦은 것에 대해 아무 말 않는 건 다른 얘기지만, 이런 때는 "기다려줘서 고마워."라고 말하기 바랍니다. 그러면 기다린 사람은 공헌감을 느낍니다.

힘들게 부모님을 간호한 사람은 자신을 간호해줄 가족도 힘들어할 거라고 짐작합니다. 그런 까닭에 보살핌받는 것을 민폐로 여겨 꺼립니다.

지금부터 할 수 있는 일은 좋은 관계를 구축하는 것입니다. 물론, 결정은 도와줄 상대방의 선택이지 도움받을 자신의 소관은 아닙니다. 하지만 그것은 결과로서의 문제입니다. 상대가 나를 자발적으로 돕게 할 목적으로 좋은 관계를 유지하라는 것은 아니지만, 관계를 개선하지 않을 이유는 없습니다.

도움이 필요한 시점까지 서로의 관계를 개선할 수 없다 하더라도 도움을 요청하고 이에 대한 대화를 나누는 것 자체가 상호 관계를 변화시키는 힘이 있습니다. 설령 과거에 관계가 좋지 않았어도 대화를 통해 인생에서 상대방이 갖는 의미를 되돌아보는 계기가 마련되기 때문입니다.

생산성에만 가치가 있다고 보지 않기

때로 나는 마땅히 해야 할 역할을 해내지 못하는 사람이라는 생각이 들 때가 있습니다. 아무것도 하지 못하는 자신은 가치가 없다는 생각 때문에, 타인에게 폐를 끼치지 않겠다는 생각, 오래 살고 싶지 않다는 생각을 품게 됩니다. 모두에게 성가신 존재가 돼서는 안 된다고 생각하는 겁니다.

> 양아버지는 어떤 실수를 하든 남의 탓으로 돌리고 절대 사
> 과하지 않습니다. 좋아해주는 사람이 없는 고독한 사람입니다.
> 어떻게 하면 좋을까요?

원인은 열등감입니다. 못하는 걸 못한다고 솔직히 말하지 않으면 상대방은 난감합니다. 나이를 먹으며 할 수 없는 일이 많아지는 것은 절대 부끄러운 일이 아닙니다. 자신의 가치는 사라지지 않습니다. 그런데도 전에는 척척 해냈던 일을 잘하지 못하게 되면, 자신은 가치가 없다고 여기는 사람이 많습니다.

만약 전 생애를 일에 바친 사람이라면 일이 없어졌을 때 자신의 가치도 사라졌다고 생각합니다. 거기다가 신체를 자유롭게 움직이지 못하게 되면 살아있을 가치가 없다고까지 여기는 사람도 있습니다. 유능한 은행원이던 한 남성은 뇌경색으로 쓰러져 반신불수가 되었을 때 '이런 몸뚱이로 살아서 무엇하나, 차라리 죽여달라'고 떼를 쓰고 소란을 피워서 가족을 곤란에 빠뜨렸습니다.

남에게 약한 모습을 보여도, 도움을 요청해도 괜찮다고 생각할 수 있으려면 생산성에 가치가 있다고 보는 시각에서 벗어나야 합니다. 어린 시절에는 아무것도 할 수 없었습니다. 그래도

주위 사람에게 줄 수 있는 것이 있었습니다. 행복입니다. 나이가
얼마가 되었든 주변 사람들에게 행복을 주는 사람도 있습니다.
아무것도 할 수 없어도 말입니다.

살아있기만 하다면 문득 성장하는 것이 인생

'고맙다'는 인사를 기대하지 않는다

심근경색으로 입원해 있을 때 한 간호사가 이런 말을 했습니다.

"저는 할아버지를 무척 좋아했어요. 중학교 때 할아버지가 입원해서 병문안을 갔는데 할아버지는 빗질 안 된 상태로 머리가 헝클어졌고 수염도 덥수룩했습니다. 그래서 매일같이 병원으로 달려가서 할아버지를 돌봤습니다."

이때의 경험이 훗날 간호사가 되는 동기가 되었다고 합니다.

"병상에서도 인간답게 존재하는 것은 어떤 모습일까, 인간답게 존재하도록 어떤 도움을 줄 수 있을까 생각했습니다."

물론 문병객마다 이런 생각을 하고, 간호사가 되겠다는 결심을 하는 건 아닙니다. 이 간호사에게는 할아버지의 병환이 인생을 결정하는 크나큰 시발점이 되었습니다.

그 노인은 병원에 온 손녀의 보살핌을 받은 일을 기뻐했을 것입니다. 손녀는 그렇게 해서 할아버지에게 공헌할 수 있었습니다.

자신의 행동이 남에게 도움이 될지 모른다는 막연한 기대조차 없이 무의식중에 발현되는 공헌이 바람직하다고 생각합니다. 간호사의 할아버지는 입원해서 손녀에게 의지함으로써 훗날 손녀가 스스로 인생을 결정하는 계기를 마련해주었습니다. 그런 의미에서 할아버지도 공헌할 수 있었습니다. 그 간호사도 할아버지의 칭찬을 기대하고 한 일은 아니었습니다. 할아버지를 좋아했기 때문에 병원으로 달려간 것입니다.

나는 오랫동안 간호학과 학생을 가르쳤습니다. 때때로 학생들에게 다른 직업도 많은데 왜 간호사가 되려는지 동기를 묻곤했습니다. 한 학생이 말했습니다.

"환자분이 퇴원할 때 그 가족에게 '고맙다'는 말을 듣고 싶어서요."

이런 동기를 가진 사람이 간호사가 되어 수술실, 특히 IPU(집중치료실)에 근무한다면 어떤 일이 일어날지는 불 보듯 훤합니다. 환자 대부분은 의식이 없으니 의료진은 '고맙다'는 말을 들을 수 없으니까요.

의료종사자가 환자나 그 가족으로부터 '고맙다'는 말을 기대하는 건 옳지 않습니다. 분명 '고맙다'는 말을 들으면 공헌감을 느낍니다. 힘들어도 힘을 내는 이유지요. 그런데 감사 인사받는 것에 고무되어 일하는 것은 이상합니다.

문병객도 마찬가지입니다. 감사 인사받으려고 병문안 가는 게 아닙니다. 걱정된 마음에 서둘러 병원으로 향했을 뿐입니다. 자신이 한 행위로 감사받으려는 사람에게 간호는 고된 노동입니다. 병상에 있는 사람은 통증과 불안 때문에 '고맙다'는 뜻을 전할 여유가 없으니까요. 그런데 설령 부모가 '고맙다'는 표현은 하지 않아도 부모를 보살핌으로써 스스로 공헌감을 느끼는 사람은 간호를 고생으로 여기지 않습니다. 어떻게 하면 누가 무슨 말을 하건 연연하지 않고 공헌감을 느낄 수 있을지 고찰할 필요가 있습니다.

이상이 아닌 현실을 보기

❝
어머니는 봄만 되면 기력이 떨어지고 식욕도 줄고 전체적으로 몸 상태가 좋지 않습니다. 그런 어머니를 마주하기가 견딜 수 없을 만큼 힘이 듭니다. 언제까지라도 건강하게 사셨으면 하는 바람이기에 괴롭습니다. 어떻게 마음을 먹으면 좋을까요?

먼저 할 수 있는 것은 이상 속의 혹은 과거의 어머니를 머릿

속에서 지우는 일입니다. 건강했던 어머니가 약해지는 모습을 지켜보는 자식의 마음은 괴로운 법입니다.

작가 기타 모리오北杜夫는 그의 책《청년 모키치青年茂吉》에서 시인인 아버지 사이토 모키치斎藤茂吉에 대해서 다음과 같이 썼습니다.

> 어릴 적 오로지 무섭고 어려운 존재였던 아버지는 별안간 존경하는 별개의 시인으로 변모했다. 나는 완전히 아버지를 존경하게 되었고, 고교 시절에 쓴 시는 아버지의 시를 모방해서 쓴 것이었다.

훗날 의사가 된 기타는 고교 시절 문학을 지망했습니다. 작가의 길로 들어서게 된 계기는 아버지 모키치의 시였습니다. 그 후 모키치에게 드리워지는 늙음의 그림자를 기타는 그냥 지나치지 않았습니다. 기타는 모키치가 산책할 때면 그가 늘 소지하던 수첩을 몰래 가져다가 읽었습니다. 수첩에는 모키치의 시가 기록되어 있었습니다. 기타는 수첩에서 아직도 왕성한 모키치의 창작욕을 발견하면서 안도했습니다. 반대로 졸작을 발견하면 아버지의 쇠락에 실망했습니다.

부모가 점점 약해지고 과거의 기억도 잊고 성격이 변한 듯 보일 때, 과거의 부모와 눈앞에 있는 현실의 부모 사이의 괴리는 너무도 큽니다.

그런데 현실의 부모를 받아들일 수 없게 될 때, 부모에 대해 이러했으면 좋겠다는 식으로 높은 기준을 설정하고, 그 기준에서 점수를 깎는 감점법을 적용하여 현실의 부모를 보게 됩니다.

나이가 들었다고 해서 혹은 병이 들었다고 해서, 할 수 있는 게 아무것도 없는 건 아닙니다. 그런데도 부모에게 높은 기준을 두고 감점을 하는 한 부모에게 아직 할 수 있는 일이 있다는 사실을 알아채지 못하게 됩니다.

할 수 있는 것에 주목하기

어떻게 하면 나이듦을 받아들일 수 있을까요?

우선, 할 수 없게 된 것이 아닌 할 수 있는 것에 주목합니다. 앞에서도 언급했듯이 인생에는 '해야 할 것', '하고 싶은 것', '할 수 있는 것'밖에 없습니다. 이 중 '할 수 있는 것'은 '할 수 있는 것'뿐입니다.

기타는 아버지에게 아직 왕성한 창작욕이 있음을 발견할 때마다 안도했다고 썼습니다. 그 일에만 집중하면 됐던 것이지요. '아직' 있다고 생각할 필요도 없습니다. '지금' 왕성한 창작욕이 있음을 확인하면 그만입니다.

졸작이 보이는 데서는 시선을 돌려도 됩니다. 아버지가 쇠약해져서 변변찮은 시를 썼다고 걱정할 필요는 없습니다. 젊은 시절 지은 시가 모두 빼어나게 좋았을 리 없으니까요. 그럼에도 불구하고 졸작을 발견하면 노쇠와 연관해서 생각합니다. 부모가 자녀의 문제 행동에만 관심을 두는 것과 비슷합니다.

로마의 정치가이자 철학자인 키케로는 《노년에 관하여De Senectute》에서 다음과 같이 말했습니다.

지금 청년의 체력을 부러워하지 않는 것은 젊은 시절 소나 코끼리의 힘을 부러워하지 않았던 것과 다르지 않다. 있는 것을 사용하고 무슨 일을 하든 체력에 맞게 행하는 것이 바람직하다.

젊은 시절부터 운동에는 소질이 없었기에 드는 생각이지만, 청년의 체력은 필요 없습니다. 청년 시절의 체력이 없더라도, 지긋한 나이에 마라톤을 뛰는 사람은 얼마든지 있습니다.

젊을 때보다 기억력이 떨어진다며 고민하는 사람도 많습니다. 그러나 실제로 지력이 감퇴했다기보다 그렇게 믿고 있는 경우가 대부분입니다. 고등학교 때나 대학교 때처럼 열심히 한다면, 당연히 그때만큼의 지적인 능력을 발휘할 수 있을 것입니다. 하지만 대부분 시도도 해보기 전에 불가능하다고 지레 겁내고 맙니다.

작가 노가미 야에코野上弥生子와 철학자 다나베 하지메田辺

元가 65세부터 10년 동안 주고받은 편지를 엮은 왕복 서신⁴을 읽으면 늙어도 지력은 감퇴하지 않는다는 것을 알 수 있습니다. 나는 40대 중반에 이 서간을 처음 접했습니다. 그래서인지 두 사람이 고령인데도 불구하고 지적인 내용을 주고받는다는 것에 적잖이 놀랐습니다. 그 두 사람의 나이에 근접해가고 있는 지금은 그때만큼 놀랍지 않습니다.

살아있음에 감사하기

나이듦을 받아들이는 두 번째 방법은, '할 수 있는 것'이 무엇인지를 생각하기보다는 '지금 살아있음'에 주목하는 것입니다. 언젠가는 '할 수 있는 것'이 사라지는 때가 오니까요.

언젠가 벚꽃놀이에 나온 사람의 말에 귀가 뜨인 적이 있습니다.

"아침에 눈을 떴을 때, 몸이 움직이기만 해도 정말 행복해."

심근경색으로 쓰러졌던 당시, 절대 안정을 취해야 해서 걸을 수가 없었습니다. 쓰러지기 전에는 걷는 게 당연한 일이었습니다. 이윽고 재활 치료를 병행하며 조금씩 움직일 수 있게 되자 짧은 거리지만 걷는다는 행위만으로 정말 기뻤습니다.

그러나 할 수 있는 것에만 주목하면 할 수 없는 것이 늘어났을 때 자신은 가치가 없다고 여기게 됩니다. 부모에 대해서도 자신에 대해서도 감점하지 않고 현실을 받아들일 수 있으려면 살아있음에 감사하고 살아있음 자체에 가치가 있다고 믿을 필요가 있습니다.

건강할 때는 좀처럼 이런 생각은 하지 않지만, 병에 걸리거나 병에 걸리지 않아도 늙어간다는 사실을 의식하기 시작하면 살아있음에 감사하게 됩니다.

아버지를 간호할 때, 아버지 집 현관문을 열면 언제나 TV 소리가 크게 흘러나왔습니다. 그러면 '아버지가 벌써 일어나셨구나' 하고 안도했습니다. 하루는 평소와 달리 TV 소리가 들리지 않았습니다. 오들오들 떨며 침실 문을 열자 평온하게 숨을 쉬며 잠든 아버지가 보였습니다. 그때에도 아버지가 살아있음에 감사했습니다.

살아있음에 감사하는 마음을 영점으로 두고 점수를 더해 나가면 어떤 일에든 고마운 생각이 듭니다. 그런 생각이 들기 시작하면 누군가 굳이 나에게 감사나 존경을 표하지 않아도 내 삶에 만족할 줄 알게 됩니다.

변하지 않는 것과 변하는 것

철학자 모리 아리마사는 파리 노트르담 사원 뒤편 공원에 심어진 마로니에 묘목이 성장하는 모습을 다음과 같이 묘사했습니다.

노트르담의 묘목은 어느새 몇 곱절이나 자랐다. 조금 전 천천히 물길을 거슬러 올라가던 거룻배는 잠시 눈을 돌린 사이 상류 저편으로 사라졌다. 그것은 참으로 깊은 인상을 남겼다. 징말이지 봐도 봐도 질리지 않는 광경이다. 나의 내면의 무언가가 그것에 호응하기 때문이다.[5]

매일 관찰하는 시선에는 나무의 성장이 보이지 않지만, 나무는 부단히 자라서 어느새 거목이 되어 있습니다. 센강을 거슬러 올라가는 거룻배도 마찬가지입니다.

모리는 '질리지 않는 광경'이라고 표현하고 있습니다. 그렇지만 분주한 일상을 살아가는 사람은 자신의 내부에서 일어나는 느긋한 변화와 호응할 일이 없습니다. 그래서 느리게 움직이는 대상에는 관심을 기울이지 않을지도 모릅니다. 하지만 느리게 변해가는 것을 향해 시선을 돌리면 노후를 즐겁게 살아갈 수 있습니다.

> 하루하루 의미 없이 지내고 있습니다. 모든 일은 마음먹기에 달렸다는 건 아는데, 좀처럼 실천이 되지 않습니다. 하루를 의미 있게 보내려면 어떻게 하면 될까요?

할 일은 많은데 그렇지 못한 채 일상을 보낸다는 생각 역시,

이상이라는 높은 기준에서 그에 미치지 못하는 현실을 감점하고 있기 때문에 드는 생각입니다. 해야 할 일을 할 수 있는 것보다 좋은 건 없습니다. 하지만 그것이 불가능하다면 그 현실을 인정하는 데서 시작하는 수밖에 없습니다. 자신의 높은 기준을 만족시키지 못한다고 자신을 힐책해도 결국 현실 그대로를 마주하는 것 말고는 방법이 없습니다.

유의미한 하루를 보내지 않아도 상관없다고 결론을 내릴지, 무엇을 가지고 '의미'가 있다고 간주할지 그 사고방식을 전환하면 해결될 일입니다. 앞에서 보았듯이 생산성, 즉 뭔가를 할 수 있는 것에만 가치를 두면 아무것도 하지 않고 하루하루 흘려보내는 생활방식은 인정할 수 없습니다. 하지만 아무것도 할 수 없어도 괜찮다고 생각을 전환하면 상황은 달라집니다.

프랑스 조각가 로댕은 "Bonjour(안녕하세요)."라고 인사한 후 반드시 "Avez-vous bien travaillé(일 잘하셨습니까?)."라고 물었습니다.[6] 로댕이 '끊임없이 일해야 한다'고 했을 때, 그것은 로댕이 거의 쉬지 않고 작품활동을 했다는 의미입니다. 하지만 일한다는 의미를 확장해도 좋을 겁니다. 독서, 편지 쓰기, 산책, 멍 때리기, 잠자기…. 무엇을 하든지 살아있는 것이며, 문득 보면 나무가 성장해 있듯 성숙하고 있습니다. 그것이 인생입니다.

도망치지 않는 용기를 보이자

미움받을 용기를 주세요

《미움받을 용기嫌われる勇気》가 출간되고 얼마 안 되었을 때, 서가에서 책을 찾지 못한 한 손님이 계산대 점원에게 이렇게 말했습니다.

"미움받을 용기를 주세요."

'미움받을 용기'가 책 제목이라는 것이 아직은 생소할 때라서, 계산대 앞에 줄 섰던 또 다른 손님이 놀라서 그의 얼굴을 쳐다봤다고 합니다.

> 지금까지 타인과의 마찰을 피하려고 하고 싶은 말을 하지 않고 살았습니다. '미움받을 용기'는 중년의 나이가 되었기 때문에 더 필요하다고 생각합니다.

> 평소 나만 조용히 있으면 모든 일이 원만하게 돌아간다고 생각하며 의견을 드러내지 않도록 행동했습니다.

아닌 게 아니라 하고 싶은 말이 있어도 참으면 타인과의 마찰을 피해갈 수 있고 그렇게 되면 모든 게 원만히 풀리는 듯 보입니다. 그러나,

> 사람들의 호감을 얻기 위해 나를 죽이고 할 말도 하지 않았더니 '무슨 생각을 하는지 모를 사람'이 돼버렸습니다. 학창시절 통지표에는 언제나 '소신이 없으면 안 돼!'라는 문구가 있었습니다.

할 말을 하지 않으면 '좋은 사람'은 될 수 있지만, '무슨 생각을 하는지 모를 사람'도 되어버립니다. 무슨 생각을 하는지 모를 사람과는 거리를 두게 됩니다. 자기 의견을 주장하지 않으면 장기적으로 볼 때 대인관계도 악화됩니다.

또 상대의 말에 뭐든지 찬성하면 호감을 주기는커녕 신뢰를 잃습니다. 혼자서는 어떤 결정도 내리지 못하는 우유부단한 사람으로 인식되기 때문이죠. 어떤 말을 해도 후회는 따르기 마련입니다. 그렇다면 후회를 남기지 않기 위해 할 말을 숨기는 것보다 속마음을 허심탄회하게 털어놓는 것이 좋습니다.

심리상담을 하기 위해 만난 젊은 사람들 대부분은 모두 부모의 말을 거역하지 않는 착한 사람이라고 해도 과언이 아닐 정도로 순종적인 사람들이 많습니다. 부모님이니까 나를 위해서 한 말일 것이라고 단단히 믿는 자녀는 부모가 불합리한 말을 해도 반항하지 않습니다. 아무런 의심도 않고 혹은 할 말이 있어도 삼키고 부모의 뜻에 순종하면 표면적으로는 전혀 문제없는 부모 자식 관계로 보입니다. 하지만 나는 이런 관계는 한 번은 깨져야 한다고 생각합니다.

싸움이 필요하다는 의미는 아닙니다. 표면적으로는 문제가 없는 부모 자식 관계를 진정한 유대관계로 완결하려면 일시적인 긴장이나 언쟁을 두려워하지 말아야 합니다. 자식은 부모에게 부모는 자식에게 각자의 생각을 전달하는 것을 회피하면 안 됩니다.

부모와 자식의 진정한 유대관계를 형성하기 위해서는 각자의 견해를 주장해야 합니다. 자식이 부모에게 이상적으로 순종하는 것을 멈출 때 궁극적으로 좋은 부모 자식 관계를 형성하는 첫걸음이 시작됩니다.

'자기 견해를 주장하는 것은' 이기주의와는 다릅니다. 나는 상대방을 생각해서 하고 싶은 말도 그만둬버립니다. 내가 옳다고 느끼는 생각을 상대방은 불쾌하게 여길 때도 있으니까요. 며칠 고심한 끝에, 용기 내서 말했습니다. 화가 난 남편은 한마디도 하지 않았습니다. 화가 풀리기를 기다렸는데, 그 사이(반나절 정도)의 냉랭한 분위기는 이루 말할 수 없었습니다. 하지만 용기 내서 말하길 잘했다고 생각합니다.

자기 견해를 주장해서 마찰은 생기더라도, 이는 이기적인 행동이 아닙니다. 진짜 이기적인 행동은 상대의 기분이 상할까 봐 염려해서 하고 싶은 말, 꼭 해야 할 말을 하지 않는 것입니다. 자기가 한 말을 상대방이 어떻게 받아들일지 고심하는 점에서는 상대방에 대한 배려라고 할 수 있습니다. 하지만 필요한 말인데도 참는다고 한다면 상대방이 아닌 자신을 염려하는 겁니다.

상대방을 위해 반드시 말해야 할 때가 있습니다. 해야 할 말을 분명하게 말하려면 용기가 필요합니다. 단, '당신을 위해서'라는 말은 미움을 살 수 있습니다. 사실은 상대방을 위해서가 아니라 자신을 위한 경우가 대부분이니까요.

부모가 자녀의 앞길을 가로막는 일이 있습니다. 부모가 보기에 무모하기 그지없는 일을 자녀가 하려 할 때 부모는 저지하려 듭니다. 부모는 '너를 위해서'라고 하지만, 실상은 부모 자신의 체면을 걱정할 뿐입니다. 상대와의 관계가 좋지 않다면, 상대방은 정당한 일일수록 더더욱 그것을 수용하려 하지 않습니다.

말투의 문제도 있습니다. 해야 할 말을 감정에 휘둘리지 않은 이성적인 말로 분명히 전달해야 합니다. 공격적으로 대응하거나 앙갚음하려 들면 상대는 저항합니다.

공격적 대응은 고성을 지르는 등 감정적으로 상대를 위협해서 자신의 주장을 관철하는 것입니다. 이를테면 저녁 식사 후 반려견 산책을 배우자에게 맡기려 할 때, 썩 내켜 하지 않는 사람에게 "당신도 이 정도는 해야 하잖아."라고 격한 어조로 말하는 경우입니다.

앙갚음이란 자기주장은 철회하지만, 상대에게 상처를 주는 것입니다. 반려견 산책은 양보했지만, "그 대신 저녁 식사는 없을 줄 알아."라고 말하는 식입니다. 공격적이지도 앙갚음하지도 않는 방식으로 자기 견해를 전달해야 합니다. 구체적으로 말하면, 부탁하는 겁니다.

부탁하는 방법에는 두 가지가 있습니다.

우선 "~해주지 않겠습니까?"라고 의문문을 사용하는 방법이 있습니다. 다른 하나는 가정문을 사용하는 겁니다. "~해주면 도움이 될 텐데…"라는 식으로 말입니다. 명령하면 안 됩니다. 상대방이 '싫다'라며 거부할 여지를 남기고 부탁하면 제법 효과가 좋습니다. 그럼에도 불구하고 상대가 거절하면 자기가 하는 수밖에 없습니다.

이성적으로 말했어도 화를 낸다면 그 감정은 상대방 자신이 조절해야 할 문제입니다. 의사소통 방법에 개선의 여지가 있다면, 자신의 의향을 말로써 정중하게 전달하는 노력을 하기 바랍니다.

> 남들이 어떻게 생각할까 염려할 때 망설이는 것 같아요.

망설이는 것은 앞에서 보았듯이 자신의 말과 행동이 타자에게 어떻게 받아들여질지 의식하기 때문입니다.

하지만 주저하고만 있으면 해야 할 말을 못하게 됩니다. 이는 자기 생각을 남에게 전달할 때에만 국한된 이야기가 아닙니다. 타자의 도움이 필요할 때, 이런 걸 부탁해도 되는 걸까 염려해서 필요한 도움을 받지 못하게 되면 곤란합니다.

모든 사람이 부탁을 거절하지는 않습니다. 예전에 큰 수술을 받은 후 만원 전철을 타던 시기가 있었습니다. 괴로워서 누가 좌석 좀 양보해주었으면 하고 바란 적이 한두 번이 아니었습니다. 겉으로 보기에는 아파 보이는 데가 없어서 "좌석 좀 양보해주시면 고맙겠습니다."라고 말하면 어떤 반응이 돌아올지 걱정해서 망설였는데, 그래 봐야 괴로운 건 나였기에 결국 도움을 요청했습니다.

용기는 전염된다

> 상사 앞에서는 "아니요."라는 말도 못하는 제가 너무 싫습니다. 남 눈치 보느라 손해를 선택하는 유형에서 탈출하려면 어

남이 어떻게 생각할지 걱정하면 하고 싶은 말도 정말 해야 할 말도 하지 못하게 됩니다. 상사에게 '아니요'라고 말할 수도 없게 되지요.

그러나 엄밀히 말해서 상사의 말을 거절하지 못하는 것이 '손해'는 아닙니다. 사람은 '이득'만 선택하기 때문이니까요. 나중에 상사에게 반론하지 못한 것이 '손해'였다는 생각에 이르게 될지라도 적어도 당시에는 '이득'이었기 때문에 말하지 않았던 겁니다.

한 대학의 운동부에서 감독과 코치의 지시로 반칙 플레이를 한 선수가 있었습니다. 그 선수가 감독진의 지시에 의문을 품지 않았을 리는 없습니다. 하지만 절대적 권력에 맞서 반기를 드는 건 불가능했습니다. 그렇다고 해도 그는 책임을 면할 수 없습니다. 그 행위를 선택한 시점에는 그런 행위가 자신에게 '이득'을 가져다줄 거라고 판단했으니까요.

반칙 행위가 적발되었을 때 감독진은 그 선수를 배반했습니다. 그들은 반칙 플레이를 지시한 적 없으며, 선수 자신이 결정한 일이라고 발뺌했습니다. 이 사실을 알게 되었을 때 반칙 플레이는 선수에게 '손해'가 되었습니다.

솔직히 선수에게는 불리(손해)한 일입니다. 그렇다고 해서 침묵하면 자기 판단으로 반칙 플레이했다고 인정하는 꼴이 됩니다. 어떻게 해야 할지 갈등했을 겁니다.

그는 진실을 밝히는 쪽을 선택했습니다. 침묵은 자신을 위한 일이 아니라고 판단한 겁니다. 그는 잘못을 인정했습니다. 설령 강제된 일이었다 해도 지시에 순종한 책임을 면할 수 없습니다. 침묵으로 스승을 보호한 대가로 큰 보상을 받을지라도 진실을 말하지 않은 것을 평생 후회하게 될 거라고 판단했을 겁니다. 감독도 코치도 설마 그가 공개적으로 진상을 밝히리라고는 분명 예상치 못했을 겁니다.

> 내가 한 작은 실수, 특히 남 앞에서 한 실수는 두고두고 후회합니다. 그러다 보면 망상이 커져서 필요 이상으로 끙끙 앓을 때도 있어요. 남들은 그렇게까지 생각하지 않는데 말이죠. 어떤 일이 벌어져도 무덤덤하게 타인의 시선을 두려워하지 않고 싶은데 잘 안 됩니다.

생각하는 만큼 타인은 내게 관심을 두지 않습니다. 횡단보도를 건널 때 정지선에 멈춰 선 차량의 운전자가 자신을 쳐다보는 게 싫다는 사람이 있었습니다.

분명 운전자가 횡단보도를 건너는 보행자를 흘낏 볼 수는 있습니다. 하지만 신호가 바뀌고 차가 출발하면 보행자의 얼굴을 다시 떠올릴 일은 없을 겁니다.

그렇다고 정치인이 자신이 저지른 부정을 국민이 금세 망각할 것이라고 여기면 오산입니다. 정치인뿐 아니라 우리도 자기가 한 행위는 책임을 져야 합니다. 그러나 책임을 지는 것이 곧 후회할 일은 아닙니다.

잘못을 저질렀을 때는 후회해도 소용없습니다. 어떻게 하면 이 잘못에 책임을 질 수 있을까요?

첫째, 가능한 원래의 상태를 회복하는 것입니다. 앞에서 본 그 선수는 선수 생명이 끝날 수 있다는 위험, 여론의 비난을 무릅쓰고라도 진실을 말하는 것이 자기 잘못에 대한 책임을 지는 일이라고 판단했습니다. 없던 일로 되돌릴 수도, 시합 전으로 돌아갈 수도 없지만, 진실을 밝힘으로써 떳떳해지고자 했습니다.

둘째, 사과하는 것입니다. 그는 그의 반칙 플레이로 다친 선수에게 사과했습니다.

셋째, 후회하거나 실수한 사람을 책망하는 대신 같은 실수를 하지 않으려면 어떻게 해야 할지 방법을 모색합니다. 같은 실수가 반복되면 안 되니까요. 끝도 없이 후회만 하면 전진하지 못하고 정체하기 때문입니다. 운동 경기에서 우수한 성적을 거두기 위해서는 설사 실책이 나왔더라도, 그것에 끌려다니지 않아야 합니다.

누구나 그러는 건 아닐 테지만, 사람들은 경기 결과만을 중시

하지 않습니다. 승패뿐 아니라 결과에 이르는 과정을 봅니다. 운동선수에게 결과는 중요합니다. 그러나 수단을 가리지 않고 승리만 거머쥐려는 선수는 응원하지 않습니다.

비단 운동선수만의 이야기는 아닙니다. 실패를 붙들고 계속 후회하는 건 무의미합니다.

용기야말로 가장 강력한 유산

'그것은 틀렸다'라고 말할 수 있는 데는 용기가 필요합니다. 한 사람이 진실을 말할 용기를 가지면 그 용기는 반드시 전염됩니다. 그 용기를 갖지 않고 침묵하면 비겁함도 전염됩니다.

기독교 사상가 우치무라 간조内村鑑三는 "우리 살아생전에 이 세상을 조금이나마 좋게 만들어 놓고 죽고 싶지 않습니까?"[7] 라고 말합니다. 그리고 지구에 메멘토(Memento, 추억이 되는 것)를 남기고 죽고 싶다면서 그 '유물'로서 몇 가지 후보를 꼽았습니다. 후세에게 물려줄 수 있으며, 누구나가 남길 수 있다는 의미에서 그가 생각한 '최대 유물'은 '용맹하고 고상한 생애'입니다.

표현은 조금 과장되었지만, 요지는 '후세에 용기를 남기자'는 뜻이라고 저는 생각합니다. 이 용기는 과제에 맞서 도망치지 않는 용기입니다. 설령 예상한 결과를 낼 수 없더라도, 실패하더라도 현실을 직면하지 않으면 안 됩니다. 진실을 말하지 않는 건 과제로부터 도망치려 한다는 증거입니다.

진실을 말하고 과제로부터 도망치지 않는 용기야말로 우리 인생의 진정한 유산이 될 수 있습니다.

자녀와 좋은 관계를 유지하려면

사람은 변하지 않는 걸까

《파도波》라는 소설이 있습니다. 등장인물 중 하나가 끊임없이 밀려왔다가 부서지는 파도를 보고 다음과 같이 말합니다.

> "인간이 태어나서 수만 년, 수십만 년 살고 있는지 몰라도 이쪽 일만큼은 조금도 나아진 게 없는 듯합니다. 자연의 발걸음은 느릿느릿하다고 하지만, 느려도 너무 느리지 않나요? 나처럼 생각하는 건 성마른 건가요?"

부모는 자식에게 자신들이 겪은 고생은 시키고 싶지 않은데, 자식들은 부모가 일생에 걸쳐서 한 경험을 경멸하면서, 밀려오는 파도처럼 예나 지금이나 거의 변함없이 같은 잘못을 되풀이

합니다. 부모도 일생에 걸쳐 '경험'했을 뿐 정답을 알고 있는 건 아닙니다. 자신이 젊었을 때와 똑같은 경험을 자식들이 답습하는 것이 안타깝지만, 부모 자신도 확신을 가지고 자식에게 조언할 수 없습니다.

모른다는 것을 아는 것은 부끄러운 일이 아닙니다. 자식보다 겨우 30년 정도 먼저 태어났다고 해서 현명한 건 아닙니다. 설령 경험을 통해 뭔가를 배웠다고 해도 그것을 자식에게 전달하기는 어렵습니다. 부모와 자식의 관계가 좋지 않으면 부모가 옳은 말을 해도, 오히려 옳은 말을 하기 때문에 더더욱 자식은 부모 말을 받아들이려 하지 않습니다. 부모 자식 관계가 좋아도 마찬가지입니다. 부모 자신이 자식보다 지혜롭다는 편견을 갖고 있으면 부모의 말은 설교에 지나지 않습니다.

그렇다면 부모가 빤히 잘못을 저지르고 있는 자식을 수수방관해야 하냐면 그렇지 않습니다. 하지만 그러기 위해서는 먼저 조언이 통할 만큼 부모 자식 관계가 좋아야 합니다. 어떻게 해야 할까요?

자식을 존경한다는 것

우선, 부모가 자식을 존경해야 합니다. 존경한다는 것은, 있는 그대로를 받아들인다는 겁니다. 있는 그대로를 받아들인다는 것은, 조건을 붙이지 않는다는 것이기도 합니다.

독일의 사회심리학자 에리히 프롬은 그의 명저《사랑의 기술 The Art of Loving》에서 "존경이란 인간을 있는 그대로 보고 그 사람이 유일무이한 개인임을 아는 능력이다."라고 말합니다. 이 세상에 단 하나뿐인 매우 소중한 사람으로 보는 것입니다. 여기에 더해서 프롬은 다음과 같이 말합니다.

(존경이란) 타인이 그 사람답게 성장하고 발전해나갈 수 있도록 마음을 쓰는 것이다.

부모의 이상을 자식에게 강요하고 자식도 그 방향으로 성장하고 발전해가는 것이 아니라 '그 사람답게' 성장하고 발전하도록 지원하는 겁니다.

부모는 자식에게 자신의 이상과 기대를 강요합니다. 부모의 기대를 충족하는 삶을 산 자식도, 부모의 기대를 충족시키지 못해서 부모에게 있어 몇 가지 의미에서 문제로 여겨지는 인생을 산 자식도 자신의 인생을 사는 것이 아닙니다.

부모가 이런 의미로 자식을 존경하게 되어도 자식이 변할지 어떨지는 알 수 없습니다. 달라진다는 보장이 없기에 무조건 존경하는 겁니다. 그러나 있는 그대로의 나를 인정하면 내가 나임을 받아들이고 자식은 자기 인생을 살 용기를 갖게 될 겁니다.

그 이후의 것은 자식이 결정할 문제입니다.

이상적인 부모와 자식이라는 가면을 벗고

앞에서 부모가 이상적인 존재라고만 생각해선 안 된다고 썼습니다. 마찬가지로 부모도 이상적인 모습으로서가 아닌 있는 그대로의 자식의 모습을 봐야 합니다.

상대를 있는 그대로 받아들이는 시작은 부모의 가면, 자식의 가면을 벗고 '사람'으로서 대하는 데 있습니다. '사람'은 영어로는 퍼슨person인데, 이는 '가면'을 뜻하는 라틴어 페르소나persona가 어원입니다. 사람은 모두 가면을 쓰고 산다는 의미입니다. 이 가면을 벗으면 있는 그대로의 상대가 보입니다. 부모가 아닌 인간으로서 무엇을 할 수 있을까를 생각하고 관계를 맺는다는 겁니다.

부모로서 의견을 주장하면 자식의 반발은 불가피합니다. 그렇다고 해서, 스쳐 지나가는 타인이 아닌 이상 무관심하게 있을 수도 없는 노릇입니다. 이때 곤경에 처한 친구를 어떻게 도울지를 생각하면 적절한 방법이 떠오를 겁니다. 아마도 자기 의견을 강요하지 않을 겁니다. 그 전에 뭔가 힘이 되어줄 일은 없을지 질문할 겁니다. 그다음에 할 수 있는 일이 있다면 그것을 하면 그만입니다.

언젠가 아버지는 "네게 심리상담을 받고 싶구나."라고 말했습니다. 가족이 심리상담을 받을 경우, 관계가 가까워서 통상적으로는 불가능하지만, 아버지의 요청을 거절할 수 없어서 가끔 만나 심리상담을 했습니다.

아버지와 상담할 때 아버지와 나는 가면을 벗고 사람으로서 대화할 수 있었습니다. 그때까지도 아버지와의 관계가 좋지 않았는데, 이를 계기로 가까워졌습니다.

자식을 신뢰하기

부모 자식 관계를 개선하려면 신뢰가 필요합니다.

여기서 신뢰란 신용과 구별됩니다. 신용은 조건이 붙습니다. 믿을 수 있는 근거가 있을 때만 신용합니다. 하지만 부모 자식 관계에서는 무조건적 믿음이 필요합니다. 조건을 붙이지 않고 믿는다, 혹은 굳이 믿을 근거가 없어도 믿는다는 말입니다

오래도록 등교를 거부하던 아이가 "내일부터 학교 갈래."라고 말해도 부모는 믿지 못합니다. 한동안 가다가 또 거부하려니 생각하니까요. 실제로 어떻게 될지는 모르지만, 아이가 학교에 가겠다고 하면 그 말을 신뢰하는 수밖에 없습니다.

무엇을 신뢰하느냐 하면 과제를 스스로 해결할 능력이 있다고 믿는 겁니다. 부모는 자식이 자기 과제를 자력으로 해결할 능

력이 있다고 믿지 않습니다. 사실, 아이가 어릴 때 스스로 할 수 있다는 말에 아이에게 일을 맡겼다가 낭패를 본 부모도 많을 겁니다. 실패할 수도 있습니다. 그런데 부모가 자신을 믿지 않는다는 걸 아는 아이는 자립할 의욕조차 내지 않습니다. 항상 부모가 도움을 주면 아이는 자립하지 않습니다. 성인이 된 자식을 믿지 못해서 자식의 과제에 간섭하고 참견하는 부모가 부지기수로 많습니다.

부모가 자식 걱정 없이 자신의 삶을 살려면 자식을 먼저 부모로부터 정신적으로 독립시키고 마침내 경제적으로도 자립시켜야 합니다. 자식 걱정이 아무리 커도 언젠가는 자식과 헤어져야 합니다.

함께 문제를 해결하는 태도

다음은 문제를 공동으로 해결하는 겁니다. 자식 스스로 결정해야 할 일에 부모가 '이래라저래라' 지시하면 자식의 반발을 초래할 뿐입니다. 부모도 해결 방법을 모르는 일이 많습니다. 그럴 때는 "나도 잘 모르는데, 그래도 함께 생각해보자."라고 솔직하게 말하는 수밖에 없습니다.

무언가 문제에 직면해서 심리상담을 받으러 온 사람에게도 상담자는 일방적으로 "이렇게 하세요."라고 말하지 않습니다.

함께 생각합니다. 자식이 그것을 받아들여서 솔직하게 자기 생각을 전달하고 부모의 조언을 수용할 수 있다면, 이는 바람직한 부모 자식 관계라고 할 수 있습니다.

부모가 가져야 할 단 하나의 목표

마지막으로 목표를 일치시키는 겁니다. 어떤 관계이건 좋은 관계를 유지하려면 같은 목표를 추구하는 것이 필요합니다. 이를테면 함께 공부하는 두 사람이 학업을 마친 후 서로 반대되는 계획을 갖고 있다면 지금껏 관계가 좋았다 하더라도 장래에 관한 화제를 꺼내는 순간 부딪치게 됩니다.

부모 자식 관계에서의 목표는 자립입니다. 부모는 자식이 늙어서까지 뒷바라지를 할 수 없습니다. 자식도 하염없이 부모에게 의지할 수만은 없습니다. 부모는 지금 하는 행위가 자식의 자립에 방해가 되지 않는지 항상 생각해야 합니다.

함께하는 동안의 각오

자식을 독립시키는 데 필요한 최선의 규칙은 무엇일까요?

육아 목표가 무엇인지 명확하게 이해해야 합니다. 그것은 앞에서도 보았듯이 '자립'입니다. 이런 부모를 믿다간 어림도 없겠다 싶거나, 싸움 끝에 자식이 집을 뛰쳐나가기도 하는데, 가능한 한 평화롭게 헤어지는 것이 좋습니다.

존경을 의미하는 영어 리스펙트respect에는 '다시 보다' 혹은 잊고 있던 것을 '되돌아보다'라는 뜻이 있습니다. 무엇을 되돌아볼까요? '이 아이와 나는 지금 같이 살지만, 영원히 함께 있을 순 없다. 하지만 함께 있는 동안은 사이좋게 지내자'라는 각오입니다.

이 각오는 자녀가 어릴 때는 물론 커서도 금세 잊어버립니다. 하지만 기회가 있을 때마다 되새겨야 합니다. 자녀가 자립할 수 있는 날이 오면(그날은 대체로 부모의 예상보다 빨리 옵니다) 자녀가 떠나는 것을 막지 말자는 각오를 다져야 합니다.

> 나의 목표는 '집착하지 않기', '의존하지 않기'인데, 좀처럼 생각대로 되지 않습니다.

물론 사람은 누구의 도움도 받지 않고 자력으로 살 수 없지만, 정신적으로는 자식뿐 아니라 부모도 자립할 필요가 있습니다. 그러기 위해서는 남에게 특히 자녀에게 집착·의존하지 않는 것이 중요합니다. 자식이라고 부모의 기대를 충족해주지는 않습니다. 필요한 지원은 해도 상관없지만, 보상은 기대하면 안 됩니다.

자식뿐만 아니라 남에게 의지가 되면 공헌감은 느낄 수 있는데, 정도가 지나치면 오히려 자신에게 의지하는 사람에게 의존하게 됩니다. 앞에서 에리히 프롬의 "타인이 그 사람답게 성장하고 발전해나갈 수 있도록 마음을 쓰는 것이다."라는 문구를 인용했는데, 타인을 지원하는 것은 상대의 성장을 위함이지 자신의 만족을 위해서는 아닙니다.

> 다 큰 아들이 있는데 몸이 아파서 집에서 하는 일 없이 지낸 지 3년이 됐습니다. 뭐든 좋으니까 일 좀 찾아보라고 해도, 무슨 생각을 하는지 꿈쩍도 하지 않습니다. 우리 부부도 연금을 받아 생활합니다. 일상적으로는 평범하게 지내고 있습니다. 물론 생활비는 전적으로 우리가 부담하고요.

자식이 언제까지고 부모에게 얹혀 지낼 수는 없습니다. 말은 하지 않아도 아들은 알고 있을 것입니다. 앞으로 어떻게 살아갈지 그것은 자식이 결정할 문제입니다.

부모가 할 수 있는 일은 별로 없는데, 자식을 있는 그대로 인정하는 것이 우선입니다. 기본적으로 요양은 하는 일 없이 쉬며 빈둥빈둥 지내는 겁니다. 아들은 부모에게만큼은 자신이 일하지 않고 빈둥거리는 보잘것없는 사람으로 보이고 싶지 않을지도 모릅니다.

현재 상태가 어떠하든 자식이 지금의 상황을 어떻게든 헤쳐 나가려 한다는 점을 믿기 바랍니다. 그러고 나서 이대로 계속 부모에게 의존해서는 살아갈 수 없는 현실을 분명하게 인지시켜도 좋습니다. 그런데 이에 앞서 말을 편하게 꺼낼 수 있는 부모자식 관계가 형성되어 있어야 할 것입니다. 부모가 "이대로는 안된다."라고 말해도 순순히 받아들일 수 있는 신뢰감이 자식에게 없다면 앞으로의 인생에 관한 대화를 나누기 어려울 겁니다.

> 아들이 둘 있습니다. 두 아들 모두 타인에게 마음을 쓰는 걸 싫어하고 독신을 고집하고 있습니다. 이런 사고방식을 어떻게 생각하시는지요? 부모 마음으로는 자식들이 한시라도 빨리 결혼했으면 합니다.

결혼 문제는 자식들이 결정할 일입니다. 원칙적으로 부모는 자식들 과제에 개입할 수 없습니다. 자식의 결혼을 원하는 부모의 뜻을 전달할 수는 있지만, 그 이상은 안타깝지만 불가능합니다.

대개 자식은 부모의 결혼 생활을 보고 결혼관을 형성합니다. 아버지, 어머니 중 한쪽이 혹은 양쪽이 상대를 배려하는 모습을 보면 결혼은 배려라고 인식합니다. 결혼한 이후 부모의 인생이 어떠했든 결혼함으로써 인생이 행복했다는 이야기를 자식들과 할 수 있다면 다행입니다.

> 남편과 다 큰 아들이 자주 부딪치는 탓에 두 사람 사이에서 아주 피곤합니다. 우리는 아들이 독립해 나가기를 바라는데, 아들은 아르바이트 일은 못 하겠다고 맞섭니다. 밥 차려 주기도 성가시고 하루하루가 고단합니다.

어머니가 무언가 할 수 있는 것은 자신과 자식과의 관계, 자신과 남편과의 관계에서뿐입니다. 어머니와 접점이 없는 자식과 남편의 관계는 어머니가 어떻게 할 방법이 없습니다. 아들과 남편 사이에 개입해서 어떻게든 해보려고 생각하지 않아도 됩니다.

앞으로의 인생이 어떤 방향으로 흘러갈지는 아무도 모릅니다. 자식과 함께 지내는 지금의 생활을 한시적이라고 단정 짓기보다 기분 좋은 관계를 꾸려나가는 데 집중할 수도 있습니다.

또한 집에 있는 아들이 가사를 돕지 않을 이유는 없습니다. 장을 보는 일도 음식을 만드는 일도 할 수 있습니다. 당장 사회로의 복귀는 불가능해도 집안일을 함으로써 공헌감을 느끼면 '이따위 인생'이 있냐며 비관할 일은 없을 겁니다. 가사를 돕는 생활은 밖에서의 일과 그 가치에 있어 하등의 차이가 없습니다.

현 상황을 밖에서 일하기 위한 준비 기간으로 여기면 안 됩니다.

늦은 나이까지 부모에게 의지해 사는 자식을 둔 부모 중에는, 부모가 죽고 난 후 자식이 제대로 살아낼 수 있을까, 외롭지는 않을까 걱정하는 사람들도 있습니다. 부모가 먼저 죽고 쓸쓸해서 살지 못할 사람은 없습니다. 이 점을 우선 생각하고, 자식은 부모가 걱정하지 않아도 자력으로 살 수 있다는 믿음을 갖기 바랍니다.

상대의 선한 의도를 헤아리는 지혜

사람은 변할 수 있을까

사람은 변합니다. 단 쉽게 변하지 않습니다. 정확히 말하면, 변하지 않는 게 아니라 변하고 싶지 않아 합니다. 왜일까요? 변하면 다음 순간 어떤 일이 일어날지 모르기 때문입니다.

> 우리 부모님 세대는 필사적으로 인생을 살았습니다. 지금도 그때의 생활이 몸에 배서 자식들이 당신들 생각에 따르기를 강요합니다. 요즘 시대와 맞지 않아서 나도 모르게 부모님을 대하는 태도가 냉랭해지는데 어떻게 하면 좋을까요?

부모에게 '나도 모르게 냉랭한 태도를 보이게 된다'는 것이 이분이 부모를 대하는 몸에 밴 방식입니다. 뭔가 일이 있을 때마다

'시대에 뒤떨어진 말 좀 그만해라', '지금이 호랑이 담배 피우던 시절이냐'며 부모에게 반발했을 겁니다. 부모는 자식의 태도를 보고 자식이 달라지기를 원했을 겁니다. 자식이 그런 태도를 보이는 건 자식 교육을 잘못시켰기 때문이라며 자식을 교정하려 합니다.

그런 부모에 맞서 반발하며 차가운 태도를 보일 필요는 없습니다. 여러 가지 조언에 대한 고마움을 먼저 표시한 뒤 부모의 뜻에 따르지 않으면 그만입니다. 부모를 달라지게 할 수는 없습니다. 바꿀 수 있는 것은 자기 자신뿐입니다. 여태껏 보인 쌀쌀한 태도에도 부모님이 바뀌지 않았다면 다른 시도를 해볼 수도 있습니다. 저라면 이런 조언을 할 겁니다.

"우리는 어린아이가 아니니까 그렇게까지 걱정하지 않아도 돼요."라고 웃으며 말합니다. 또는 "여러 가지로 조언해줘서 고마워요."라고 말하는 겁니다. 고마움은 표현했지만, 부모 의견에 따를지 말지는 자기가 결정하면 됩니다. 부모 뜻에 따르지 않겠다고 하면 부모는 더 강경한 태도를 보일지 모릅니다. 하지만 반드시 그렇게 된다는 보장은 없습니다. 적어도 자기 생각을 부모에게 전달할 수 있었고 그것이 부모 자식 관계의 본연을 바꾸는 계기가 될지도 모르니까요.

자기 생각을 주장하지 않으면 마찰은 일어나지 않을지 모릅니다. 하지만 자기 생각이 전해지지 않으면 긴 안목으로 볼 때 대인관계는 나쁜 방향으로 흘러갑니다. 애초에 부모는 의도적으로 자기 생각을 강요하려던 것은 아니었을 겁니다. 부모로서 당연한 처사라고 믿었기에 자식이 불쾌하게 받아들일 줄은 몰랐을 겁니다. 내 조언에 "알겠습니다."라고 대답한 사람도 다음 순간 이렇게 말합니다.

"그렇지만…."

그러면서 불가능한 갖가지 이유를 가져다 댑니다.

'그렇지만'은 한다, 하지 않는다가 대립하고 있는 게 아니라, 하지 않는다, 달라지지 않을 것이다, 라고 결심하고 있는 겁니다. '그렇지만'을 말하는 사람은 자신을 바꿀 수 없는 것이 아니라 바꾸고 싶지 않은 겁니다. 지금까지와는 다른 행위를 한 후 결과를 예측할 수 없다는 이유로 지금 자기의 행위가 부자연스럽고 불편해도 바꾸려 하지 않습니다.

자기를 바꾸면 주변 사람도 달라집니다. 익숙한 변화가 아니라서 당황스러울 수 있지만, 나쁜 변화는 아닙니다. 생전 처음 하는 일은 어색하기 마련입니다. 하지만 한 번이라도 해보면 다음부턴 익숙해집니다. 첫 걸음을 내딛는 작은 용기가 필요합니다.

평소의 시어머니는 좋은 분인데, 자신이 과거에 당한 일을 끄집어내 불평할 때마다 제 기분도 가라앉습니다. 그런 시어머니의 감정을 잘 받아넘길 방법이나 멈추게 할 방법이 있다면 알고 싶습니다.

"그런 말씀은 듣고 싶지 않습니다."라고 며느님의 생각을 말하면 됩니다. 이 방법이 주저된다면 "다른 얘기를 하고 싶어요."라고 화제를 돌리는 수밖에 없습니다. 이런 식으로 자기 생각을 말할 수 있으려면 용기가 필요할 겁니다. 그 용기가 두 사람의 관계를 변화시킬 것이고, 그것은 분명 양쪽 모두에게 바람직합니다.

언젠가 아버지와 언쟁이 벌어지려 할 때, "지금 아버지가 한 말은 윗사람이 아랫사람에 하는 말투 같아서 싫습니다."라고 하자 아버지는 "그러고 보니 그랬던 것 같구나."라며 사과했습니다. 아버지는 제가 이런 말을 하기 전에는 대인관계의 위아래에 대해서 생각해본 적도 없었을 겁니다. 그 후 아버지는 그때까지 한 번도 얘기한 적 없는, 이런 저런 이야기들을 하나둘 풀어놓았습니다.

먼저 자기가 변해야 합니다. 상대를 변화시키려 하는 사람은 자신은 변하지 않을 것이라 믿습니다. 적어도 상대가 달라지기 전에는 자신도 변하지 않겠다고 고집합니다.

앞서 우리는 좋은 대인관계를 유지하기 위한 조건을 살펴봤습니다. 이 중 존경과 신뢰는 기존의 우리가 알던 것과는 달리 '자신이 먼저 상대를 존경하고 신뢰하는 것'을 의미한다는 것도 배웠습니다. 상대를 존경하고 신뢰해도 상대방이 자신을 존경하고 신뢰해줄지는 알 수 없습니다. 하지만 내가 먼저 이 사람을 존경하고 신뢰하자고 한 결심이 관계를 개선하는 출발점입니다. 상대가 먼저 바뀌기를 기대하는 동안은 아무 일도 일어나지 않습니다.

선한 의도가 있다고 믿기

신뢰한다는 것은 무엇을 말할까요? 상대방이 과제를 자력으로 해결할 수 있다고 믿는 것입니다. 그것도 무조건적 믿음이라고 앞서 이야기했습니다. 여기에 하나의 조건이 더 있습니다. 상대의 말과 행동에 '좋은 의도'가 있다고 믿는 것입니다. 겉으로 나타난 언동에는 악의가 있는 듯이 보여도 실은 좋은 의도가 있다고 믿어야 대인관계도 좋아집니다.

어머니가 세상을 떠난 뒤 둘이 살게 된 저희 부자는, 그전까지 음식을 만들어본 적이 없어서 처음에는 외식만 했습니다. 어느 날 아버지가 말했습니다. "누군가 만들지 않으면 안 되겠구나." 누군가라고는 했지만, 아버지는 음식을 만들 생각이 없었습니다. 저는 "네가 하려무나."라는 뜻으로 해석하고 서점에서 요리책을 몇 권 샀습니다. 그 가운데 '남자의 요리'라는 카테고리의 책이 있었는데, 뭐든 이틀 동안 푹 삶으라는 식이었습니다. 한날은 그 책을 보고 카레라이스를 만들었습니다. 밀가루와 양파를 약한 불에서 볶으라고 돼 있어서 세 시간에 걸쳐 절대 타지 않게 볶았습니다. 카레가 완성됐을 때, 때마침 귀가한 아버지가 한 입 맛보고 말했습니다. "다시는 만들지 마라."라고요. 10년쯤 지났을 때 아버지의 말뜻이 별안간 이해됐습니다. 저는 아버지가 제가 만든 카레가 맛이 없어서 "다시는 만들지 마라."라는 말을 했다고 생각했는데, 아니었습니다. 어머니는 제가 대학원에 들어가던 해 세상을 떠났습니다. 아버지는 분명 이런 말을 하고 싶었을 거라는 걸 이때 깨달았습니다. "넌 학생이야. 그러면 공부해야 하지 않겠니? 그러니까 이렇게 손이 많이 가는 음식은 이제 만들지 말거라." 이 말뜻을 이해하기까지 10년이나 걸린 셈입니다.

아버지는 짧막하게 "다시는 만들지 마라."라고 했습니다. 그런데 이런 짧은 표현에도 좋은 의도가 담겨 있음을 알아차려야 합니다. 더불어 자신이 하는 말을 타인이 오해하지 않게끔 어휘를 잘 선택해서 설명해야 합니다. 타인이 하는 말이 짧거나 설명이 불충분해서 상처받을 말로 들릴 때가 있습니다. 상처받기에 앞서 분명 그 말속에 좋은 의도가 담겨 있을 것이라고 열린 마음으로 이해한다면 관계가 악화하는 걸 막을 수 있습니다.

남은 남, 나는 나

20년 이상 사이좋게 지낸 친구가 언젠가부터 이유 없이 외면하고 있습니다. 깊게 고민하던 중, 2년이 지난 어느 날 책을 읽다가 "남은 남, 나는 나"라는 문구를 보고 '이거구나!' 싶었습니다. 지금은 나도 완전히 외면하고 지냅니다. 지금의 생활이 즐겁습니다.

일본 교토에 있는 철학의 길에는 철학자 니시다 기타로西田幾多郎의 노래비가 있습니다.

타인은 타인, 나는 나, 여하튼 내 갈 길을 나는 간다네

교토 대학교 교수로서 니시다 철학으로 불리는 독창적인 철학 체계를 구축한 니시다는 일본에서는 그의 이름을 모르는 사람이 없을 정도로 유명한 철학자입니다. 그런데 '인생의 낙오자가 된 듯 느꼈다'고 훗날 술회했을 정도로 그는 젊은 시절에는 번민이 많았습니다. 그러나 '타인은 타인, 나는 나'라고 생각했고 타인과는 다른 자기만의 길을 가겠다는 결심을 했던 겁니다. 살아있으면 이런 결단을 해야 하는 순간이 있습니다.

" 좋은 친구라고 믿은 친구의 지배적인 행동 때문에 절교했는데 마음에 걸립니다. 빨리 잊고 싶습니다.

사람은 변하기 마련입니다. 행동이 달라지기도 합니다. 게다

가 왜 바뀌었는지 영문을 모르는 경우가 허다합니다. 관계를 되돌리기 위해 노력하는 보람이 있는지 어떤지는 각각의 상황에 따라 다르다는 말밖에 할 말이 없습니다. 절교는 한 가지 방법이긴 한데 중요한 건 집착하지 않는 겁니다. 잊으려는 생각이 오히려 집착으로 변하기도 합니다.

구름 한 점 없이 맑은 아침, 출근하는 남편에게 아내가 말합니다. "오늘 비 올 것 같으니까 우산 들고 가요." 남편은 날씨가 이렇게 좋은데 무슨 비냐며 빈손으로 출근했습니다. 그러고 나서 남편은 그날 비가 오지 않을까 내내 하늘을 올려다봅니다. 이것이 집착입니다. 잊고 싶다, 잊어야 한다, 잊겠다는 생각조차 아예 않고 자연에 맡기면 됩니다.

> ❝
> 그럴 생각으로 한 말이 아닌데, 친한 사람과의 관계가 틀어졌습니다. 눈물을 글썽이며 '그런 사람일 줄 몰랐다'라는 말과 함께 없는 사람 취급을 당하고 있습니다. 어떡하면 좋을지 모른 채 시간만 흐르고 있습니다.

의도적으로 남에게 상처주는 행위는 논외로 하겠습니다. 고의로 타인에게 상처를 줘서 좋을 리 없으니까요. 그런데도 반드시 누군가를 아프게 하는 일은 있습니다. 그런 때 자기가 없는 곳에서 "그 사람 무서운 사람이야."라는 식으로 단죄받는 것이 가장 괴롭습니다. 할 수 있다면 헤어지는 이유만이라도 알면 좋겠습니다. 이유도 모른 채 헤어지면 변명할 기회조차 없습니다.

영문도 모른 채 무시당하게 된 것이 아닙니다. 상대방이 "그런 사람일 줄 몰랐다."라는 말을 남겼으니까요. 눈물을 글썽이며 말했다는 건 그때까지의 관계가 좋았다는 의미입니다. 그래서 더 믿을 수 없다고 했을 수 있습니다. 가능하다면 지금이라도 상대방이 나에 대해 어떻게 생각하는지 물어보는 게 좋습니다. 하지만 상대방이 떠나간 이유는 상대방 자신도 모를 수 있다는 것을 명심하기 바랍니다. 이별의 원인이 언제나, 반드시 자신에게 있다고 자책하지 말기 바랍니다.

까닭 없이 가까운 사람이 멀어지면 그냥 보고만 있을 수 없습니다. 할 수 있다면 이유를 알고 싶지만 찾아와서 욕설을 퍼붓거나 하는 경우가 아니라면, 가까운 관계였다 할지라도 소원해진 채로 살아갈 수밖에 없습니다.

대인관계는 그 관계의 가까움과 지속성 면에서 일의 관계, 친구 관계, 사랑의 관계 순으로 다루기 어렵습니다.

사랑의 관계는 배우자와의 관계, 가족과의 관계입니다. 부모 자식 관계는 사랑의 관계 중에서도 가장 어렵습니다. 가까운 관계에서는 자신이 느끼는 것을 상대도 느낍니다. 내 마음이 심란하면 상대의 마음도 심란합니다.

> 52년 동안 고락을 같이한 남편이 죽기 전에 공허한 눈빛으로 쳐다보기에 놀랐습니다. 모르핀을 투여한 상태였는데, 그 눈을 떠올리면 슬픕니다.

사람의 인생을 최후의 순간만 놓고 보지 않는 것이 중요합니다. 누구나 평온하게 죽는 건 아닙니다. 코앞으로 다가온 죽음을 생각하면 불안해지기도 합니다. 남편은 무심결에 그런 표정을 지었을 겁니다. 52년 부부 인생에는 좋은 추억도 많았다는 것을 기억하기 바랍니다.

> 나는 상대에게 최선을 다했는데 어이없게도 몇 년 지나고 나서 "그때 섭섭했다."라는 말을 들었습니다. 어째서 그때는 "이렇게 해줬으면 좋겠어."라고 말하지 않고 지금 와서 불평하는지 몹시 서럽습니다.

타인에 관한 일은 오해하지 않도록 노력하는데, 자신이 좋은 의도로 한 일은 유감스럽게도 오해받기도 합니다. 거의 불가항력이라고 해도 좋을 정도입니다. 이 사례에서는 왜 그때 이렇게 해달라고 솔직히 말하지 않았나 섭섭해하기보다 '지금' 하는 말에 집중하는 게 좋을 듯합니다.

좋은 의도가 있다고 믿으라고 하면, 악의에 찬 언동에서도 구태여 의도를 찾아내라는 의미로 파악하는 사람이 있을지도 모릅니다. 그런 뜻이 아닙니다. 좋은 의도는 사이좋게 살아가려고 마음먹을 때 비로소 보입니다. 하지만 처음에는 의식적인 발견이 필요한 때도 있습니다. 가까운 사람이라면, 그 사람의 말과 행동을 다시 생각해볼 필요가 있습니다.

3장

죽음 앞에 심각해지지 않을 것,
노후의 짐을 혼자 감당하지 않을 것!

지나친 낙관도 말고, 근거없는 염려도 말 것

진지함과 심각함은 다르다

강연회 후 질의응답 시간에 좌우명이 있냐는 질문을 받은 적이 있습니다. 좌우명이라는 것을 한 번도 생각해본 적이 없어서 당혹스러웠습니다. 그때 책에 사인해줄 때 썼던 '지금 여기를 진지하게 살다'라는 문구를 떠올리고 그것을 저의 좌우명이라고 소개했습니다.

이 말속의 '지금 여기를 살다'라는 뜻에 관해서는 계속 언급했습니다. '그때 이랬으면 좋았을 텐데' 하며 아쉬워할 일은 많지만, 과거로 돌아갈 수 없는 이상 후회는 하지 않습니다. 미래를 생각하면 불안하지만, 아직 오지 않은 미래를 걱정하지 말고 '지금 여기'를 살자는 것, 이것이 '지금 여기를 살다'의 의미입니다. '진지하게 산다'는 건 어떤 의미인지 조금 설명이 필요할지도 모르겠습니다.

　나는 '진지함'과 '심각함'을 구별해서 사용합니다. 잇달아 여러 문제가 발생하면 심각해지는 것은 무리도 아니지만, 심각해져도 문제 해결로는 이어지지 않습니다. 이젠 어쩔 도리가 없다고 고민해봐야 소용없습니다. 진지하게 문제 해결에 임해야 합니다.

　우치무라 간조는 영국 역사가 토머스 칼라일Thomas Carlyle의 말을 그의 저서《후세에게 물려주는 최대 유물後世への最大遺物》에서 인용하고 있습니다. 칼라일은 몇십 년에 걸쳐서《프랑스 혁명사The French Revolution》를 집필했습니다. 그 원고를 친구의 친구가 빌려가 새벽까지 열심히 읽다가는 책상에 널브러뜨려둔 채 잠자리에 들었습니다.

　아침에 그가 잠든 사이 하녀가 들어왔습니다. 주인이 일어나기 전에 난롯불을 피우려고 불쏘시개를 찾던 하녀의 눈에 책상에 널브러진 원고 다발이 들어왔습니다. 그녀는 그것을 모조리 뭉쳐서 난로에 던져 넣고 불을 지폈습니다. 불과 몇 분 사이에 칼라일이 수십 년에 걸쳐서 완성한《프랑스 혁명사》가 연기로 사라졌습니다.

　칼라일은 넋을 잃고 열흘 동안 아무것도 하지 않았습니다. 화도 났습니다. 하지만 마음을 가다듬고 자신에게 말했습니다.

　토머스 칼라일, 그대는 어리석다. 그대가 쓴 혁명사는 그렇게 귀한 것이 아니다. 가장 귀한 것은, 그대가 이 고난을 이겨내고 다시 펜을 들어 새로이 그것을 쓰는 것이다. 이것이 그대의 훌륭한 점이다. 그만한 일에 실망하는 자가 쓴 혁명사를 사회에 내놓은들 도움이 되지 않을 것이다. 그러니 다시 쓰게나.

그렇게 자신을 고무하고 용기를 북돋아서 책을 새로 썼습니다. 이렇게 해서 그는 후세에 큰 유물을 남겼습니다. 잃은 것은 되찾을 수 없습니다. 심각해져서 아무것도 하지 않은 채 넋 놓고 지내기보다 진지하게 문제 해결을 위해 움직여야 합니다.

어떻게든 될 거라고 낙관하지 않을 것

심각해지지 않기 위해 할 수 있는 또 다른 방법은 낙관하지 않는 겁니다.

자신이나 가족이 병으로 입원해 있을 때 병문안 하러온 친척, 친구 중에 사려도 없고, 근거도 없이 "곧 좋아질 거야."라며 환자의 쾌유를 단언하는 사람이 있습니다. 네덜란드의 정신병리학자 판 덴 베르흐Jan Hendrik van den Berg는 그의 저서 《병상의 심리학The psychology of the sickbed》에서 "쾌유를 기원하는 마음에서라 할지라도 빠른 회복 여부를 환자에게 말할 수 없다."라고 말합니다. 물론 문병객에게 악의는 없을 테지만, 환자 상태를 충분히 헤아리지 않고 던지는 말에 기뻐하는 환자는 없을 겁니다.

　진찰을 받고 필요하다면 반드시 치료를 받는 것이 진지하게 질병과 마주하는 태도입니다. 질병이 아니라도 난관에 봉착해서 어떻게든 될 것이라고 낙관하는 태도를 보이는 것은 진실 앞에서 눈을 감으려는 공포심의 반증입니다.

미래에 대한 헛된 기대를 내려놓고

　그리스 단편 영화를 본 일이 있습니다.

　아버지와 아들이 벤치에 앉아 있습니다. 갑자기 두 사람 앞에 참새가 날아옵니다.

　"이건 뭐지?"

　이렇게 묻는 아버지에게 아들이 대답했습니다.

　"참새요."

　아버지는 몇 번이나 같은 질문을 되풀이했습니다. 짜증 난 아들이 대답했습니다.

　"금방 말했죠. 참새라고."

　똑같은 질문과 대답이 오고 간 후에 열에 받친 아들은 이렇게 말했습니다.

　"몇 번이나 말했잖아요, 참새!"

　아버지는 아무런 말도 하지 않고 집으로 들어갔습니다. 그러고는 낡은 일기장을 펼쳐 들고 일기장 속 한 구절을 아들에게 읽게 했습니다.

> 오늘, 며칠 전에 새 살이 된 아들과 함께 공원 벤치에 앉아 있었다. 참새가 우리 앞에 앉았다. 아들은 "이거 뭐야?"라고 스물한 번 물었다. 나는 "참새야."라고 스물한 번 대답했다. 나는 화내지 않았다. 아들은 묻고 또 묻고 같은 것을 몇 번이고 물었다. 그때마다 나는 아들을 안아주었다. 아무것도 모르는 아들이 사랑스러웠다.

아들이 아버지의 잇따른 물음에 화를 낸 것은 아버지가 예전에는 할 수 있던 것을 할 수 없게 되었다는 사실을 받아들일 수 없었기 때문입니다. 아이를 키울 때 부모는 아이가 오늘은 못 했지만, 내일은 잘할 수 있을 거라는 희망을 품습니다. 반대로 자식은 부모의 내일을 비관합니다. 그러나 과거와 미래에 어떠해야 한다는 기대를 내려놓고 지금 여기를 함께하는 삶에 집중하면 많은 갈등과 다툼이 사라집니다.

웃음은 기쁨의 요석
아들러는 분노는 '사람과 사람을 갈라놓는 감정'이라고 했습니다. 누구나 자신에게 분노하는 사람을 좋아하지 않고, 거리감을 느낀다는 의미입니다. 분노하는 쪽도 자기 생각대로 움직여 주지 않는 상대에게 거리감을 느낍니다.

아들러는 《아들러의 인간 이해 Understanding Human Nature》에서 기쁨은 '사람과 사람을 연결하는 감정'이라고 했습니다. 기쁨이나 그 감정에 수반되어 일어나는 웃음도 심각해지지 않기 위해서는 필요합니다. 아들러는 '웃음은 기쁨의 요석'이라고 했습니다.

치매를 앓던 나의 아버지는 날이 갈수록 감정이 없어지고 하루 대부분을 자면서 보냈습니다. 식사 때는 어김없이 일어나지만, 가족과 어울리지 않았고 모두가 웃고 즐기며 이야기할 때도 불쑥 일어나 침실로 향했습니다.

아버지는 일어나 있을 때면 언제나 같은 의자에 앉았습니다. 아버지가 앉은 자리에서는 정원의 나무들이 보였습니다. 때때로 동백꽃 꿀을 찾아 직박구리가 날아왔습니다. 그때마다 아버지는 소리 내어 크게 웃었지요. 아버지의 기쁨을 공유하는 순간에는 과거도 미래도 없었습니다. 불쑥 찾아온 행복은 '지금 여기'만의 산물이었습니다. 아버지의 커다란 웃음소리를 들으면 함께 있던 가족에게도 아버지의 기쁨이 전달되었습니다. 누군가가 웃으면 그 기쁨은 전염되고 그 자리에 모여 있던 모두는 일체감을 느낍니다.

기쁨은 곤란을 극복한다

아들러는 앞선 책에서 또 이렇게 말했습니다.

기쁨은 곤란을 극복하는 옳은 방법이다.

곤란한 상황에 직면하면 심각해지거나 분노를 느끼거나 슬픔으로 의욕을 잃기도 합니다. 이런 감정 상태로는 문제를 해결할 수 없습니다.

아들러는 왜 기쁨이 곤란을 극복하는 옳은 방법이라고 했을까요? 웃음으로 표현되는 기쁨은 사람과 사람을 연결하기 때문입니다. 타자와 유대감을 느끼는 사람은 타자에게 협력하는 것에 기쁨을 느낍니다. 협력은 일방적이지 않으며 자신이 난관에 봉착했을 때는 타자에게 지원을 요청할 수 있습니다. 웃음은 심각함에서 탈출할 수 있게 합니다.

할 수 있는 것부터 시작하기

내가 아버지를 간호하던 때 간호사와 간병사가 일주일에 몇 번 집에 왔습니다. 평소는 아버지와 단둘이 있는 때가 많고 아버지와 크게 다툴 일은 없어도 주의해야 할 일도 있고 해서 피로한 때도 있었습니다. 간호사나 간병사가 오면 바깥에서 신선한 공기가 들어오는 것 같았습니다. 그런 날이면 한껏 기분이 좋아진 아버지는 나도 처음 듣는 이야기를 하곤 했습니다.

아버지 곁에서 이야기를 듣기도 했지만, 간호사나 간병사가 오는 날은 잠시지만 그분들에게 아버지를 부탁하고 외출할 때도 있었습니다. 환자를 돌보는 사람이 건강해야 병간호를 계속할 수 있기에 기분전환이 필요합니다.

그런데 그런 자신을 용서할 수 없어 심각해지는 때가 있습니다. 간호하는 자신이 타인의 눈에 어떻게 비칠지 걱정될 때입니다.

우울증으로 휴직을 한 사람이 있었습니다.

주차장에 계속 차를 세워 두면 동네 사람들이 그가 출근하지 않았다는 걸 눈치챌지 모른다고 그는 말했습니다. 하지만 동네 사람도 타인이 무엇을 하는지 항상 주시하지 않습니다.

"이왕 휴직했으니 이번 기회에 여행이라도 다녀오면 어때요?"라고 물었더니, 그는 "안 돼요. 회사에서 전화가 걸려올지 몰라서요."라고 합니다.

"휴대전화로 받으면 되지 않을까요?"

"집 전화가 아니면 집에서 요양하는 게 아니라고 의심할 겁니다."

그의 고지식함을 깨부수기는 쉽지 않았습니다. 저는 물러서지 않고 이렇게 말했습니다.

"당신의 휴가가 거의 끝나갈 즈음에야 회사는 당신의 존재를 기억할 겁니다. 지금은 회사도 바쁠 때라서 회사 사람 누구도 당신에게 관심이 없을 테고요."

어떻게 그런 노골적인 말을 할 수 있냐며 반발했지만, 결국 그는 휴대전화를 들고 여행을 떠났고, 우울증도 상당히 호전되었습니다. 세상 사람들은 남이 하는 일에 대해 그렇게 신경 쓰지 않습니다. 간호할 때도 타인의 시선이 아니라, 어떻게 간호할 것인가에 집중하면 됩니다.

> 암이 재발하고 7년이 지났습니다. 또 재발할지 모른다고 생각하면 심장이 떨립니다. 불안을 떨쳐내고 원래 하던 일을 다시 시작했습니다. 그러자 취미를 즐길 시간도 없어졌습니다. 일상으로 복귀한 의미를 찾을 수 없네요.

심근경색으로 쓰러져 관상동맥 우회술을 받았을 때, 10년 후 재수술해야 한다는 말을 들었습니다. 다행히 지금 상태는 비교적 좋고 의사도 재수술 이야기는 하지 않습니다. 되돌아보면 '10년 후'라는 의사의 말에 갇혀 지냈다는 생각이 듭니다. 재발할까 하지 않을까, 한다면 언제가 될까, 하는 문제는 권내에 없습니다.

생활을 영위해야 하는 문제가 있으니 하고 싶다, 아니다를 기준으로 일을 찾을 수 없습니다. 사람은 일하기 위해 살지 않습니다. 경제활동을 할 것인지, 한다면 어느 정도 할 것인지는 삶의 기쁨을 매일 느낄 수 있느냐에 주안점을 두고 결정하면 됩니다.

> 어머니는 봄만 되면 기력이 떨어지고 식욕도 줄고 전체적으로 몸 상태가 좋지 않습니다. 그런 어머니를 마주하기가 견딜 수 없을 만큼 힘이 듭니다. 언제까지라도 건강하게 사셨으면 하는 바람이기에 괴롭습니다. 어떻게 마음을 먹으면 좋을까요?

자식으로서 할 수 있는 일은 이상적인 부모가 아닌 현실의 부모만을 보는 겁니다. 앞으로의 일은 생각하지 말고 오늘을 함께하는 기쁨만 느끼기 바랍니다. 환자의 관점에서 보면, 자신이 어떤 상황에 있든 있는 그대로의 모습으로 바라봐주는 것에 고마움을 느낍니다.

질병과 마주 서서

권내에 없는 신체

　고대 로마의 철학자 에픽테토스는 신체도 권내에 없다고 생각했습니다.

　건강할 때는 신체의 존재조차 의식하지 않습니다. 그런데 질병에 걸리면 숨을 쉬는 것도 걷는 것도 부단히 의식하지 않을 수 없습니다. 호흡하기도 힘들어지면 한 걸음 걸을 때마다 멈춰서야 합니다.

　이런 때 평소 전혀 혹은 거의 의식하지 않았던 신체가 그 존재를 주장합니다. 그래서 여하튼 신체를 의식하지 않을 수 없게 됩니다. 아플 때는 자신과 신체와의 사이에 거리가 생깁니다. 내 뜻대로 타자를 결코 움직일 수 없듯이 아프면 신체가 '타자'가 됩니다.

소설가 시로야마 사부로城山三郎는 왼쪽 가슴에서 욱신거리는 통증과 답답하고 숨이 차는 증상을 느꼈을 때를 다음과 같이 묘사하고 있습니다.

> 내 몸의 일부이면서 소속 불명인 채로 있던 심장이 요즘 복면을 벗고 자기 존재를 계속 드러내고 있다.[9]

자신과 신체와의 사이에 거리가 생긴 감각, 신체가 타자가 된 감각을 훌륭하게 표현하고 있습니다. 이렇듯 질병 때문이 아니라도 나이를 먹으면 신체의 존재를 의식하게 됩니다. 평소 병에 걸리지 않도록 관리를 잘하고 운동을 꾸준히 해도 동맥경화는 진행하고 콜레스테롤 수치와 중성지방 수치도 올라갑니다. 유전적 요인에 기인한 경우가 많기 때문이지요.

생활습관병이라는 말도 질병은 자기 책임이라는 것을 말하는 것 같습니다. 실제 어느 정도 건강에 유의하며 생활하더라도 질병이 찾아오면 피할 길이 없습니다.

몸이 보내는 신호를 조기에 발견할 것

그렇다고 수수방관할 수밖에 없는 건 아닙니다. 할 수 있는 것이 있습니다.

우선, 가능한 한 조기에 발견하는 겁니다. 자기 몸이 보내는 신호에 주의를 집중하는 겁니다. 그런데 몸이 보내는 신호에 무신경한 사람이 있습니다. 젊음과 건강이 영원하기를 믿고자 하는 사람은 신체의 쇠약을 인정하려 하지 않습니다. 질병의 징후를 감지해도 죽을지 모른다는 두려움 때문에 병에 걸렸다는 사실을 인정하려 하지 않습니다. 따라서 몸이 보내는 신호를 무시합니다. 몸이 보내는 신호를 감지해도, 즉 자기 몸의 이상 징후를 느껴도 대수롭지 않은 신호로 해석합니다. 발견의 때를 놓치면 치명적인 결과를 부르기도 합니다.

하지만 병에 걸린 사실을 인정하고 병원 치료를 받는 등 적절하게 대처하면 신체는 어느 정도는 권내에 있게 됩니다. 대응책을 강구해야 하는데, 어떻게 하는 것이 최선인지 결정된 대책은 없습니다. 필요에 따라 수술이나 연명치료를 거부하기도 합니다.

산책은 그 자체로 즐거움

다음은 산책하는 방법이 있습니다. 산책이 건강에 유익하다는 증언을 많은 사람이 하고 있습니다. 영문학자이자 평론가인 도야마 시게히코外山滋比古는 80세를 넘겨서도 매일 8,000걸음 이상 걸었다고 합니다.

하지만 건강 유지 목적으로만 걷는다면 즐겁지 않습니다. 묵묵히 걷기에만 집중해서 걷는 사람을 발견할 때가 있는데, 산책 자체를 즐기지 않을 이유는 없습니다.

나는 퇴원 후 산책을 시작했습니다. 하지만 그냥 걷기만 하겠다는 생각은 전혀 하지 않았습니다. 사진을 찍기로 한 겁니다. 산책을 즐기려는 이유에서였습니다. 그렇게 되자 꽃, 새 등 자연을 카메라에 담기 위해 걸음을 자주 멈췄습니다. 멀리 오래 걷기보다 카메라 셔터를 누르는 일이 즐거웠습니다. 이런 산책도 괜찮지 않나요? 운동은 중요합니다. 그러나 불안에서 벗어나 지금의 인생을 즐기는 것은 그 이상으로 중요합니다.

병에 걸리지 않기 위해 미래를 계획하고 걷는 것이 아닙니다. 미래를 위해서가 아닌 '지금'을 위해 걷습니다. 산책의 효과는 건강에만 있지 않습니다. 걸으면 마음도 건강해집니다. 문득문득 참신한 생각이 떠오를 때도 있습니다. 누군가와의 갈등으로 부정적 감정에 사로잡혔을 때도 밖으로 나가면 금세 기분이 전환됩니다.

현실을 극복하는 독서

독서도 정신 건강 유지에 유용합니다. 그동안 책을 거의 읽지 않고 살았다면 독서의 벽이 높게 느껴질 수도 있습니다. 하지만 책 읽는 재미를 알게 되면 아파서 외출이 제한된 상황에서 도움이 됩니다.

고등학교 때 윤리사회 선생님은 습관처럼 말했습니다. "퇴직하면 젊었을 때 사둔 책을 읽고 지낼 거다." 일을 그만두고 거동이 불편해져도 책을 읽을 수만 있다면 노년은 두렵지 않다는 것이 선생님의 지론이었습니다. 책을 읽음으로써 늙음과 질병이라는 현실을 극복할 수 있다는 말입니다.

그런데 퇴직을 앞두고 돌아가셨으니 선생님의 꿈은 물거품이 되었습니다. 하고 싶은 것은 '지금' 해야 한다는 것을 절실히 깨닫게 해준 일입니다.

불안을 떨쳐버리기

> 암은 손쓸 수 없는 지경에 이르러서야 발견되는 경우가 많아서 나는 언제 암에 걸리게 될까 생각하면 불안합니다. 그래서 하루하루를 즐겁게 유의미하게 최선을 다해서 살고 싶습니다.

이제 암은 조기 발견도 가능해졌습니다. 암이 불치의 병이었던 시기에는 발병 사실을 통상적으로 본인에게 숨겼습니다. 완치 가능해진 지금은 본인에게 알리게 되었지요.

언제 암에 걸리게 될지 알지 못합니다. 그렇다고 불안해할 필요는 없습니다. 앞일을 염려해서 오늘을 사는 기쁨을 흘려보내서는 안 됩니다. 이것이 "그래서 하루하루를 즐겁게 유의미하게 힘껏 살고 싶습니다."라고 말한 이유라고 생각합니다. 그러나 '유의미하게 최선을 다해서' 살기 위해 지나치게 힘쓰지 않는 게 바람직할 수도 있습니다.

치매는 어떤 병인가

　치매에 걸리면 자신이 누군지도 모르는 것 같습니다. 이 병에 걸리지 않으려면 어떤 점에 주의해야 하는지 알고 싶습니다.

치매에 대해서 아직 밝혀지지 않는 부분이 많습니다. 확실한 예방법도 모릅니다. '하세가와식 치매 스케일'을 개발한 하세가와 가즈오長谷川和夫 박사는 자신에게 치매 증상이 나타났음을 공표하고 그것이 어떤 질병인지 설명했습니다.[10] 치매 걸린 아버지의 말과 행동을 근거로 아버지에게 일어나는 변화를 상상으로만 그릴 뿐, 실제로는 알 길이 없었기에 제게도 그의 설명은 귀중한 증언이었습니다.

하세가와 박사에 따르면 먼저 시간 개념이 희박해집니다.

오늘이 몇 월 며칠인지 알려줘도 기억하지 못해서 몇 번이나 확인하는 것이 치매의 시작입니다.

아마도 이미 많은 사람이 경험해보았을 겁니다. 직장에서 일할 때는 오늘 날짜를 정확히 알고 있어야 하지만, 집에서 생활하게 되면 날짜는 그다지 필요하지 않은 정보입니다. 알고 있을 필요성이 사라지면 모르는 것도 당연합니다.

> 집을 나선 뒤 현관문을 제대로 잠갔나 불안해서 다시 돌아가서 확인합니다. 돌아서면 다시 확인하고 싶어집니다. 이런 일이 매번 반복되자 혹시 내가 알츠하이머병은 아닌지 의심합니다.

이런 일도 누구나 한 번쯤 경험한 적이 있을 겁니다. 외출해서 가스 불을 제대로 잠갔는지 걱정돼서 집으로 돌아간 적이 저도 있습니다. 대개는 무의식적으로 확실히 불을 끄고 문도 잠갔는데, 딴 데 정신이 팔렸거나 약 먹는 일처럼 매일 반복하는 행위에는 의식이 가지 않으므로 기억에 남지 않을 때가 있습니다.

치매에 걸리고 어떤 느낌이었냐는 질문에 하세가와 박사는 "치매에 걸린 나와 걸리지 않은 나는 크게 다르지 않다.", "연속성이 있음을 느낀다."고 답합니다. 치매에 걸려도 자신을 알지 못하는 건 아니라는 말입니다. 연속성이 있다는 것은 어릴 때의 나와 지금의 나는 모습도 체격도 다르지만, 그때의 나와 지금의 나는 같다는 인식입니다. 어릴 적 나와 지금의 나를 동일 인물로 여긴다고 할 때, 그런 연속성을 보증하는 작용, 나를 나답게 하는 작용을 '인격'이라고 합니다.

망각을 두려워하지 않기

나는 많은 사람을 상담하는데, 실제로 어떤 말을 했는지 기억하고 있지 않습니다. 시간이 지나서 내 조언이 도움이 되었다는 이야기를 들어도 어떤 조언이었는지 전혀 기억에 없습니다. 분명 그때 한 조언이 적확했기 때문에 상대가 기쁨을 느꼈을 겁니다. 해서 망각을 두려워하지 않습니다. 심리상담을 할 때뿐 아니라, 했던 말을 그 즉시 잊어버려도 그 순간만큼은 제대로 말했을 겁니다. 분명 전에 저는 조언을 했고 그때의 저와 지금의 저에게는 연속성이 존재합니다. 자잘한 기억을 잊어버리는 것은 인격의 연속성과는 무관합니다. 과거도 없고 미래도 없고 지금 여기에서 인생을 살 수밖에 없는 것과 같은 이치입니다.

치매에 걸린 아버지는 과거를 잊어버렸습니다. 전쟁에 참전한 일은 기억하는데, 아내(나의 어머니)와 함께 산 25년 기억은 잃었습니다. 방금 한 일도 잊어버립니다. 지금 막 식사를 끝냈는데 "밥은 언제 먹니?"라고 묻기까지 합니다. 먼 과거도 가까운 현재도 잊어버렸지만, 아버지는 아버지였습니다. 아버지 인격의 연속성은 기억이 있고 없고와는 상관없이 보존되고 있는 겁니다.

하세가와 박사는 치매를 앓는 자신과 치매를 앓지 않는 자신은 크게 다르지 않음을 인정하고 다음과 같이 말했습니다.

> 치매가 아닌 사람이 치매인 사람과 만났을 때 자신과 같은 사람으로 여기고 대하는 게 바람직합니다. 눈높이를 맞추라는 겁니다. 치매라고 해서 특별 대우는 하지 않습니다. 자신과 동급이라고 여기는 것, 그것(치매 걸린 사람을 존중하고 중심에 두는 것)이 환자 중심 돌봄person centered care일 것입니다.

치매 부모나 배우자가 지금 한 일을 기억하지 못하게 되었다 하더라도 이전과 같이 대하면 된다는 말입니다.

타인의 도움을 기꺼이 받기

"앞으로 어떻게 생활하기 원하십니까?"라는 질문에 하세가와 박사는 다음과 같이 답변했습니다.

> 다른 사람의 도움을 받지 않으면 아무것도 할 수 없습니다.

이런 마음으로 도움을 부탁하며 살아가려 합니다. 불투명한 미래를 각오하고 굳은 결심으로 하루하루를 소중하게 살아가려 합니다. 내가 할 수 있는 범위에서 남에게 도움이 되는 일을 해보려 합니다.

타인의 도움은 필요합니다. 주변 사람으로부터 도움받는 걸 주저해서는 안 됩니다. 그들이 기쁜 마음으로 도와주고 있다고 믿어야 합니다. 아픈 가족을 돌보며 버팀목이 되어준 이는 그 일이 힘들었을망정 분명 고통으로 여기지는 않았을 겁니다.

그런 의미에서 "내가 할 수 있는 범위에서 남에게 도움이 되는 일을 해보려 합니다."라는 말은 감동적입니다. 치매를 앓던 친구의 어머니는 매일 밤 하루도 거르지 않고 빨래를 개켰습니다. 이윽고 그마저 제대로 하지 못하게 되었을 때, 친구는 어머니에게 "고마워요."라고 감사했습니다. 부모나 배우자가 아무것도 할 수 없게 되었다 할지라도 그들이 살아있는 것 자체만으로도 가족에게 공헌하고 있음을 표현하기 바랍니다.

"치매에 걸린 사실을 공개함으로써 전하고자 하는 뜻은 무엇입니까?"라는 질문에는 하세가와 박사는 다음과 같이 말했습니다.

살아있다는 귀중함보다 더 중요한 것은 없습니다. 전 세계

수십억 인구 가운데 나와 똑같은 인생을 사는 사람은 단 한 사람도 없습니다. 그래서 존귀합니다. 자기 자신을 존귀하게 여기는 건 쑥스럽지만, 그것은 당신도 우리 모두도 마찬가지입니다. 한 명 한 명 모두 존귀한 존재라는 점을 알아야 합니다. 나는 앞으로도 밝은 마음으로 웃음을 소중히 여기며 살아갈 것입니다.

나는 병을 앓는 부모나 배우자의 이상적인 상태를 설정하고 거기서 점수를 감점해나가는 감점법을 적용해서 그들을 대하지 말아야 한다고 생각합니다. 병을 앓든 앓지 않든 그대로를 받아들이기 바랍니다.

앞에서 보았듯이 웃음은 '기쁨의 요석'이며 기쁨은 '사람과 사람을 연결하는 감정'입니다. 매일 심각하지 않게, 소중하게 살아가기 바랍니다.

아픈 사람을 대할 때에는

나아질 것이라고 말하지 않는다

한 고등학교에서 강연했을 때 강연이 끝나고 한 학생이 질문했습니다. 그 학생은 의사가 되겠다는 포부를 밝혔습니다.

"부모님이 의사입니다. 하지만 내가 의사가 되려는 건 부모님과 관계없습니다."

성적이 좋으면 의과대학에 진학하겠다는 안이한 생각으로 공부하는 학생이 적지 않은 지금의 시대상을 생각해서 동기가 무엇인지 물었습니다.

"어릴 적부터 공부를 좋아했고 책도 많이 읽었습니다. 책을 읽게 된 건 할머니의 영향이 있었습니다. 공부도 열심히 했습니다."

지식을 쌓는 게 즐거워서 공부가 힘들다고 느낀 적은 한 번도 없었다고 합니다.

"뭔가 되고 싶다거나 명문 대학에 가고 싶어서 공부하지는 않았습니다."

"그럼 왜 의사가 되려 하나요?"

"저에게 배움의 즐거움을 일깨워준 할머니가 알츠하이머성 치매 진단을 받았습니다. 치료는 받고 있는데요, 나아질 기미가 보이지 않습니다. 어릴 때부터 잘해주신 할머니의 치매를 낫게 해드리고 싶어서 의사가 되려 합니다."

이 학생은 단지 할머니뿐 아니라 같은 병으로 고통받는 사람을 돕고 싶다는 뜻을 전하고 있습니다. 나는 치료법이 확립되지 않은 이 병의 연구를 꼭 해달라고 부탁했습니다.

이야기는 거기서 끝나지 않았습니다. 그 학생은 예전에는 건강했던 할머니가 지금 병에 걸려서 여러 가지 일을 할 수 없게 된 현실을 받아들일 수가 없었습니다.

"할머니에게 언제나 '좋아질 거야'라고 말하는데 그렇게 말해도 되는 걸까요?"

의료인이 무책임한 말을 해서 환자나 가족을 화나게 하거나 슬프게 하거나 상처받게 하는 일은 종종 있습니다. 자신이 던진 말이 적절한지 주의하는 것은 중요합니다.

문병객이 사려도 없고, 근거도 없이 "곧 좋아질 거야."라며 환자의 쾌유를 단언해서 생기는 문제는 앞에서 살펴보았습니다. 한시라도 빨리 회복하기를 바라는 마음에서 한 말이었을 테지만 '곧' 좋아질지 어떨지는 누구도 장담할 수 없습니다. 또 의사를 통해 완치 불가능하다는 사실을 이미 환자가 들어 알고 있을지도 모르니까요.

이 학생이 할머니에게 "좋아질 거야."라고 한 것은 그녀의 희망입니다. 어릴 적부터 지식욕이 왕성했던 학생은 당연히 치매에 관한 조사를 했을 것입니다. 문병객이 병자가 처한 상황을 충분히 이해하지 못한 채 던진 낙관적인 말과는 다를 겁니다.

"'좋아질 거야'라고 말했을 때 어떤 심정이었나요?"

"잘은 모르겠지만 거부감이 있었습니다. 하지만 왜 거부감이 들었는지 모르겠어요."

"학생이 병에 걸렸다고 가정했을 때 '좋아질 거야'라는 말을 들으면 어떤 느낌일지 생각해보면 알 수 있을지도 모르겠군요."

"기쁠 것 같아요. 입원해 있으면 빨리 퇴원해서 학교에 가고 싶어질 테니까요. 근데….."

여기서 다음 말이 이어지기까지 조금 틈이 있었습니다.

"하지만 만약 금방은 나을 수 없다는 걸 알고 있다면 그렇게 말하는 사람의 기대를 저버릴 수 있다는 생각을 할 수도 있을 것 같아요."

나는 이렇게 말해보았습니다.

"부모는 아이에게 열심히 공부하라고 말합니다. 낮은 성적을 받은 아이에게는 다음에는 더 열심히 하라고 할 것이고, 좋은 성적을 받아 온 아이에게는 다음에도 열심히 하라고 말하죠. 열심히 해도 좋은 성적을 받을 수 없다고 생각하는 아이는 그 말이 턱없이 무리한 말로 들릴 겁니다. 요행히 공부한 내용이 출제돼서 성적이 좋았을 뿐, 본래 실력은 아니라고 생각하는 아이는 열심히 하라는 부모의 말에 압박감만 느낄 겁니다."

"할머니는 좋아질 거라는 내 말을 부담으로 생각했을지도 모른다는 말씀이네요?"

"좋아질지 어떨지는 누구도 모르기 때문이지요. 할머니는 손녀의 기대를 저버릴 수 있다고 생각할지도 모릅니다."

"그러면 어떻게 말하면 좋을까요?"

있는 그대로를 받아들인다

대화는 여기서 원점으로 돌아갔지만 사고의 논리가 보였을 것입니다. 학생은 이렇게 말했습니다.

"'좋아질 거야'라고 하면 지금의 할머니를 인정하고 있지 않다는 의미가 되는 거네요. 내가 어렸을 때 할머니는 지금보다 젊었어요. 그때의 할머니와 지금의 할머니는 다릅니다. 하지만 그 당시의 할머니도 지금의 할머니도 너무나 사랑합니다."

"그렇다면 오늘 집에 돌아가면 바로 그 얘기를 할머니께 해드리면 어떨까요?"

할머니 이야기를 시작했을 때는 당장이라도 울 것 같았는데 학생은 생글생글 웃으며 돌아갔습니다.

사람을 사랑하는 데 이유는 필요 없습니다. 예전에 할 수 있었던 것을 할 수 없게 되었다고 해서 부모나 배우자를 사랑할 수 없게 된다면 말이 안 됩니다. 지금 눈앞에 있는 사람은 분명 예전의 사람은 아닙니다. 그렇다고 한다면 눈앞에 있는 사람을 단지 사랑하면 될 뿐입니다.

아오야마 고지青山光二가 90세 때 발표한《슬픈 나의 연인吾妹子哀し》이라는 소설이 있습니다. 알츠하이머성 치매에 걸린 아내를 그린 이 소설은 빼어난 연애 소설입니다. 기억을 잃은, 대소변도 가리지 못하고, 길거리 배회를 반복하는 아내가 어느 날 불시의 기습처럼 툭 던진 말을 계기로 남편 스기 게이스케는 젊은 날 두 사람이 나눈 사랑의 추억을 떠올립니다.

"그러고 보니 내 이름이 뭐였더라?"

"난감하군. 이름이 뭐였을까."

"하지만 이름 따윈 필요 없어."

"왜지?"

"나라는 사람은 스기 게이스케라는 사람 속에 포함되어 있으니까."

"철학자처럼 말하네."

저의 아버지는 어머니에 대한 기억을 잃었습니다. 어머니는 젊어서 돌아가셨는데 만약에 살아있다면 만년의 아버지와 이런 대화를 주고받았을지도 모릅니다.

스기는 "내 모든 몸과 마음을 걸었던 내 사랑을 지금도 의심할 수 없어. 그 사랑은 기억 속에서만 존재하지 않아. 사랑은 지금도 살아있어."라고 말합니다. 지금 아내를 사랑하고 있는데, 그것은 면면히 이어진 과거의 사랑이 아니라 '지금'도 사랑하고 있다는 뜻입니다. 어느 한쪽이 기억을 잃었어도 '지금' 사랑할 수 있습니다. 아파도 아프지 않아도 사람은 지금 여기에서밖에 사랑할 수 없습니다.

있는 그대로를 받아들이는 것은 자신을 위해서도 필요한 태도입니다. 설령 아무것도 할 수 없는 날이 와도 자신의 가치는 없어지지 않습니다. 뭔가 할 수 있는 생산성에 가치를 부여하는 지금의 시대에는 살아있음 그 자체에서 가치를 찾으려면 용기가 필요합니다. 하지만 자신의 가치를 살아있음 자체에서 발견할 줄 아는 사람은 타자에 대해서도 살아있음에 고마움을 느낄 것입니다.

질병은 질병일 뿐 그 사람이 될 순 없다

하세가와 박사는 치매 환자를 일반인과 동등한 사람으로 보고 특별 대우하지 말 것을 당부합니다. 아예 병이라는 것 자체를 의식하지 않고 대하는 겁니다. 치매가 어떤 질병인지 알고 있다면 상대가 조금 전 일을 잊어버려도 분노할 필요성을 못 느낍니다. 사람을 상대한다기보다 질병을 상대하는 것이기 때문입니다.

주변 사람을 떠올릴 때 그 사람의 속성을 생각해봅시다. 아름다운 사람, 나이 든 사람이라고 할 때 '아름다운', '나이 든'이 속성입니다. 이런 속성은 흔한 속성입니다. 그런데 치매 걸린 사람이라고 인지하면 '치매'라는 속성이 그 사람에게 붙습니다. 치매 걸린 사람이 되었다 쳐도 치매가 그 사람을 나타내는 유일하고 중요한 속성은 아닙니다.

늘 전과 다름없이 상대하기를 바라지만 한 가지 간과하기 힘든 문제가 있습니다. 어린 시절 제 친구는 청력을 잃었습니다. 저는 내색하면 안 된다고 생각하여 평소처럼 대하기로 했습니다. 어느 날 친구가 이런 말을 했습니다. 자기가 청력을 잃은 건 맞지만, 그것을 전혀 신경 쓰지 않는 듯 보이는 내 행동이 비정상적이라고 말입니다. 저는 그 친구가 청력을 잃었다는 사실에 오히려 집착했던 겁니다.

남편은 가벼운 치매를 앓고 있습니다. 병원 약을 먹고 있습니다. 노인성 건망증이라고 보면 되는데요, 금방 한 일을 잊어버린다든지, 분명히 말했는데 들은 적 없다고 한다든지, 물건 둔 데

를 잊어버리곤 합니다. 이런 증상이 있다는 것을 다른 사람에게
알리는 게 좋을까요? 숨기고 싶은 마음도 있고 해서 고민입니다.

오랜 세월 동고동락한 배우자의 건망증이 심해지면 마음이 동
요합니다. 치매였던 저의 아버지는 식사가 끝난 후에도 "밥은 언
제 먹니?"라고 물었습니다. 처음에는 허탈감이 심하게 몰려왔는
데, 조금 전 일을 기억 못 하는 것이 병 때문이라면 책망도 소용
없습니다. 치매가 시작되면 가까운 기억부터 사라지니까요. 지금
식사를 끝내지 않았냐고 상기시켜도 기억해내지 못합니다. 에픽
테토스 식대로 말하자면 가까운 기억을 잃는 것도 잊지 않게 상
기시키는 것도 '권내에 없는' 즉 어찌할 수 없는 일입니다.

하지만 기억을 잃은 아버지를 상대하는 일은 '권내에 있습니
다.' 감정적으로 대응하지 않고 단지 사실만을 전달하면 불가능
할 것도 없습니다. 저는 "밥은 언제 먹니?"라고 묻는 아버지에게
'먹었다'는 사실만을 말해주었습니다. 아버지는 "그렇군." 하며
깔끔하게 수긍했습니다. 이런 식으로 대응하면 버럭 화내는 치
매 환자도 있습니다. 하지만 그런 상황에도 냉정하게 대처하는
수밖에 없습니다.

'치매'를 '단순 노인성 건망증'으로 보면 심각성은 다소 줄어
듭니다. 여기서 더 들어가서 다음과 같은 생각도 할 수 있습니
다. 증상을 실체화하지 않으면 대처 방법이 보입니다. 실체화는

이를테면 '나는 누워서 잠들 때까지 세 시간이 걸린다'는 과정에 '불면증'이라는 이름을 붙이는 것입니다.

발생한 일은 잠들기까지 세 시간이 걸린다는 것, 또 바닥에 등이 닿자마자 잠들기를 바라며 신경이 예민해지는 것입니다. 행동이나 습관은 개선할 수 있습니다.

치매를 실체화하지 않고 직전 일을 기억하지 못하는 행동에 집중하면 기억하지 못함으로써 발생하는 위험을 회피할 방도가 생깁니다. 질병이라고 생각해버리는 것은 어찌할 도리가 없다며 체념한 셈이 됩니다.

내가 먼저 행복해지기

지난 2년, 어머니는 암으로 입원, 퇴원, 수술이 반복되는 삶을 살고 있습니다. 일희일비하는 나날입니다. 간호와 일상 사이에서 고민합니다.

병이 잦은 남편은 가족의 도움이 필요합니다. 뇌경색 후유증으로 새로운 정보를 잘 기억하지 못하고 체력도 약해서 나에게 거의 의존합니다. 남편을 낫게 하자는 희망으로 남편의 의지가 되어주고 있습니다. 그런데 다른 한편으로 내 인생을 생각하

면 이대로는 안 된다는 생각이 듭니다. 어떻게 하면 자기 타협을
할 수 있을까요?

치매 판정을 받은 아버지 간호를 시작한 것은 제가 심근경색
으로 쓰러지고 몇 년 후 요양을 위해 일을 줄이고 있던 때였습니
다. 건강이 조금 회복된 듯해서 전처럼 다시 일을 시작하려는데
아버지가 치매라는 것을 알게 되었고 평일은 아버지 간호를 하
게 되었습니다.

병에서 나아서 살아난 것만도 다행인데, 건강을 찾자, 연로한
아버지를 간호하지 않으면 안 된다는 현실이 불합리하게 여겨졌
습니다.

언젠가 TV에서 우울증을 다룬 방송을 보았습니다. 한 여배우
가 뇌경색으로 쓰러진 남편의 간호를 위해 부득이하게 일을 접
어야 했는데, 그것이 우울증 발병의 원인이 되었다고 합니다.

어느 날 신문에는 치매 노모와 단둘이 사는 남성의 기사가 실
렸습니다. 남성은 어머니 간호를 위해 퇴직해야 했습니다.

아침 식사 후 어머니가 "일하러 안 가도 되니?"라고 물었을
때 "누구 때문에 일을 쉬고 있는데요?"라며 무심결에 언성을 높
였습니다. 어머니가 치매 때문에 그렇게 말했다는 건 알지만 감
정 조절을 못한 자신이 무서웠다고 기사에는 실려 있었습니다.

누구나 부모를 학대하거나 위해를 가하지는 않습니다. 하지

만 절대 남의 이야기는 아닙니다. 같은 상황에 놓이면 이 남성처럼 행동할 가능성은 누구에게나 있습니다.

간호하는 사람이 반드시 명심할 점이 있습니다. 철학자 미키 기요시三木清는 다음과 같이 말했습니다.

> 우리는 우리가 사랑하는 사람에게 내가 행복해지는 것보다 더 나은 것을 해줄 수 있겠는가?[1]

부모는 자식의 행복을 기원합니다. 자식의 행복을 기뻐합니다. 자식이 나이를 먹어도 부모 마음은 한결같습니다. 부모 자신으로 인해 자식이 고생한다는 생각을 갖지 않게 해야 하는 이유입니다.

부부도 마찬가지로 배우자의 행복을 바랄 겁니다.

간호가 아무리 어렵더라도 내 몸 희생하는 일 없이 인생을 소중히 여겨야 합니다. 이는 자신만을 위한 노력이 아닙니다.

미키 기요시는 이런 말도 했습니다.

> 새가 노래하듯 스스로 밖으로 나가 다른 사람을 행복하게 해주는 것이 진정한 행복이다.

행복은 전염됩니다. 먼저 간호하는 사람이 행복해야 합니다.

타자의 죽음을 어떻게 받아들일까

병자에게 말하는 법

어머니는 49세 때 뇌경색으로 입원했습니다. 우리는 어머니가 금세 퇴원한다고 낙관했습니다. 어머니는 젊었고 아버지도 나도 뇌경색에 대해 아는 정보가 없었기 때문이었죠. 그런데 두 번째 발작을 일으킨 후 어머니의 병세는 현저히 나빠졌습니다.

아버지와 저는 어머니 상태에 대한 의사 설명을 듣기 위해 어머니를 병실에 혼자 남겨두고 나왔습니다. 다시 병실로 돌아왔을 때 어머니는 성난 표정으로 우리를 노려보았습니다. 왜 어머니를 병실에 홀로 두고 두 사람만 나갔다 왔는지 어머니는 알고 있었습니다. 그날 의사는 병원을 옮기도록 권고했습니다. 어머니는 아버지와 제가 독단으로 어머니의 향후 치료 방향을 본인 동의도 없이 의사와 논의한 사실을 알고 격노했습니다.

어머니가 자각할 만큼 병세는 좋지 않았습니다. 어머니가 알면 불안하고 기분이 가라앉을까 염려해서 어머니에게 그 사실을 알리지 않았던 겁니다. 타인도 아닌 어머니 자신의 병인데 당사자에게는 함구한 채 다른 가족이 치료 방법을 결정하는 것은 명명백백히 비정상적이었습니다.

질병을 어떻게 받아들일지는 어머니의 과제입니다. 나와 아버지가 어머니를 대신할 수는 없습니다. 그런데도 어머니가 진실을 받아들일 수 없을 거라고 믿은 것은 잘못입니다. 저는 어머니가 자신이 처한 상황을 받아들이지 못할 것이라고 여겼습니다.

그렇다고 해도 실제로 본인에게 병 상태를 있는 대로 다 말하기는 어렵습니다. 고모에게 유방암이 발견되었을 때 아버지는 그 소식을 듣고 큰 충격을 받았습니다. 도쿄까지 의사를 만나러 간 아버지는 몹시 울적했습니다. 제게는 한마디도 없었지만, 아버지 머리맡에 놓인 많은 의학서를 보고 아버지가 무엇 때문에 도쿄에 갔었는지 이해했습니다.

나중에 들은 이야기에 따르면 고모는 자신의 병에 대한 진실을 몰랐다고 합니다. 당시 유방암은 치료가 거의 불가능해서 당사자에게 알리지 않는 게 통례였다고 합니다. 본인이 모르고 있다면 수술할 때 무엇을 위한 수술인지 설명하는 가족은 고뇌할 겁니다.

그때 아버지가 고모의 병세를 내게 알리지 않은 건 제가 걱정하는 걸 원치 않아서였을 겁니다. 권외에 놓인 것 같아 서글펐습니다. 믿음을 주지 못했다고 생각했으니까요.

본인의 과제라고 해서 무조건 알려야 할 의무가 있다고 쉽게 말할 수 없습니다. 하지만 호스피스 의사 야마자키 후미오山崎章郎는 말합니다.

> 이렇게 무겁고 괴로운 정보를 감당할 수 없는 사람도 있을 것이다. 하지만 동시에 그런 모진 운명을 받아들여 자기 식으로 극복해가는 사람들도 분명히 존재한다는 사실을 잊으면 안 된다.[12]

물론 자기 목숨이 얼마 남지 않은 사실을 알고 동요하지 않을 사람은 없습니다. 친구의 어머니는 자신이 얼마 살지 못한다는 사실을 알게 된 날 밤새도록 울었다고 합니다.

환자 병세가 의사 말대로 된다는 보장은 없으며 예상을 훨씬 뛰어넘어 생존하기도 합니다. 완치는 아니더라도 완화될 수 있다는 것도 알고 있습니다. 그런데도 살날이 얼마 남지 않았다는 진실과 마주하게 되었을 때, 순순히 받아들이기 어렵다는 건 쉽게 상상됩니다.

병에 걸리는 문제는 자기 권내에는 없습니다. 그것은 피한다고 피할 수 있는 일이 아닙니다. 하지만 병에 걸렸을 때 어떤 태도로 받아들일지는 스스로 결정할 수 있는 문제입니다. 의사 설명을 듣고 평정심을 유지하기는 어려울 테지만 말입니다.

죽음은 공포가 아닌 슬픔

반드시 회복될 병이라면 병명이 뭐든 두렵지 않습니다. 하지만 모든 경우가 그런 건 아닙니다. 죽음에 이를 가능성을 배제하기 어려운 까닭에 질병은 무엇이든 두렵습니다.

죽음은 무섭다고 사람들은 말합니다. 그런데 실제로 죽음을 경험한 사람은 없습니다. 죽음의 실체를 모르면 애초에 죽음을 두려워할 이유가 없습니다. 자명한 것은 죽음이 무엇이든 그것은 이별이라는 점입니다.

저승은 좋은 곳인가 보다. 가고 나면 한 사람도 돌아오지 않는 걸 보면.

다카야마 후미히코高山文彦의 《아버지를 보내다父を葬る》라는 소설의 위 구절을 읽고 이런 식으로도 생각할 수 있다는 데 감동했습니다.

미키 기요시는 《인생론 노트人生論ノート》에서 "사랑하는 이, 가까운 이의 죽음과 많이 마주할수록 죽음의 공포는 오히려 희미해져가는 듯하다."라고 말합니다.

일전에 TV에서 70대 남성이 최근 아내를 잃었다는 이야기를 하고 있었습니다. "일 따윈 어찌 돼도 상관없습니다."라고 하는 남성의 말에서 아내를 몹시 사랑하는 그의 마음이 느껴졌습니다. 지금 그는 조금도 죽음이 두렵지 않은 듯했습니다. 살아있는 한 죽은 아내와 절대 만날 수 없지만, 죽으면 만날지 모른다는 희망이 있을 테니까요.

미키 기요시는 이렇게도 말했습니다.

> 나에게 죽음의 공포가 어떻게 희미해져 갔을까? 가까운 사람과 사별하는 일이 점점 더 많아졌기 때문이다. 만약 내가 그들과 다시 만날 수―이는 나의 최대 희망이다―있다고 한다면, 그것은 아마 내가 죽지 않고서는 불가능하리라. 가령 내가 백만 년을 산다고 해도 나는 이승에서 두 번 다시 그들과 만날 일이 없다는 것을 안다. 그 가능성은 영(零)이다.[13]

물론 죽으면 반드시 사자와 만날 수 있냐면 확실하지 않습니다. 그러나 확률이 전혀 없다고 단언할 수는 없습니다. 이승에서 만날 수 있을지, 저승에서 만날 수 있을지 그 어느 쪽인가를 두고 내기를 건다면 저승 쪽에 거는 수밖에 없다고 미키는 말합니다.

타자의 죽음은 '부재'입니다. 타자는 우리 앞에서 사라졌습니다. 여행 떠난 사람을 만나지 못하는 상황과 그 의미가 다르지 않습니다. 유일한 다름은 살아있는 사람이라면 재회 가능성이 있는 데 반해 죽은 자는 영원히 부재중이라는 겁니다.

산 자가 죽은 자가 떠난 곳으로 찾아가면 재회 가능성이 있을지 모르지만, 그게 아니라면 방법은 없습니다.

지금 할 수 있는 것

많은 사람의 목숨을 앗아간 한신·아와지 대지진을 때때로 떠올리곤 합니다. 이런 이야기를 들은 적이 있습니다.

> 그날, 시험공부로 지친 아들이 거실 고타쓰에서 조는 모습을 보고 깨우자니 가여운 생각이 들어서 그대로 자게 두었습니다. 평소에는 "여기서 이렇게 자면 감기 걸린다."며 깨워 일으켜서 2층 아들 방으로 돌려보냈는데 말이죠. 다음 날 아침 그 지진이 일어났습니다. 2층이 무너져 내렸고 아들은 그 밑에 깔려 세상을 떠났습니다.

이 이야기를 한 사람은 '아들은 나 때문에 죽었다'고 자책했습니다. 물론 그 사람 탓은 아닙니다. 하지만 이런 일을 경험하면 누구나 자기 탓이라는 생각에 슬픔에서 헤어나지 못할 겁니다.

그래도 무엇을 할 수 있냐고 한다면, 이런 게 있을 수 있습니다. 이렇게 허무하게 헤어질 줄 알았다면 그때 그런 모진 말은 하지 말걸 그랬다며 후회하지 않게 말다툼하지 않고 정답게 지내는 겁니다.

> 5월 중순 남편이 죽었습니다. 외로움을 어떻게 달래야 할까요?

슬픔은 좀처럼 치유되지 않습니다. 어머니는 내가 25살 때 돌아가셨습니다. 당시 49세였던 어머니의 죽음을 금방은 받아들일 수 없었습니다. 어머니가 돌아가시고 얼마쯤 지나서 결혼했는데 아내와 둘이 있을 때, 내 것도 아니고 아내의 것도 아닌 숨소리가 들릴 때가 있었습니다. 그것은 죽은 어머니의 숨소리였다고 지금도 믿고 있습니다.

정말로 그러했는지는 알 수 없습니다. 환청을 들은 것이라고 할까 봐 아무에게도 말하지 않았습니다. 그 후로도 오랫동안 어머니는 가끔씩 내 꿈에 나타났습니다. 어머니가 돌아가시고 10년이 흐른 뒤에야 어머니가 꿈에 나타나지 않게 되었습니다. 그만큼 어머니 생각을 끊어낼 수 없었던 것이지요.

죽은 사람의 꿈을 꾸는 건 망자와의 관계에서 아직 남은 것이 있다는 뜻입니다. 그것이 전부 청산되었을 때 망자는 꿈속에 나타나지 않습니다. 이는 그 자체로도 슬픈 일이지만, 언젠가는 망자에게서 자유로워져야 합니다.

산 자는 죽은 자의 존재를 지각하지 못합니다. 죽은 자의 몸을 만지거나, 모습을 보거나, 음성을 듣지 못합니다. 살아있는 사람이라고 해서 지각만으로 알게 되는 건 아닙니다. 이를테면 그 사람이 쓴 글을 읽고 알게 되기도 합니다. 멀리 있는 친구를 떠올릴 때 그 사람을 지각적으로 아는 건 아닙니다. 죽은 자를 떠올릴 때도 마찬가지입니다.

죽은 자를 떠올릴 때, 그 사람은 '여기'에 있습니다. 기억의 편린으로 남은, 이제는 세피아 빛으로 바랜 오래된 흑백 사진처럼 되살아나는 게 아닙니다. 그 사람이 '지금' 정말이지 '여기'에 있는 겁니다. 죽은 사람이 아직도 내 마음속에 살아있다는 말은 비유가 아닙니다.

지금 여기를 살다

> 형제라고는 여동생과 저 단 둘뿐입니다. 동생이 입원 중인데 짧은 시한부 삶을 살고 있습니다. 어떤 말을 해주면 좋을지 몰라서 만나도 괴롭기만 합니다. 어떻게 하면 좋을까요?

이런 때 적절한 말을 해주기가 쉽지 않습니다. 언니의 그런 마음을 솔직하게 전할 수는 있을 겁니다.

그 누구와도 언젠가는 이별합니다. 할 수 있는 건 그 이별을 최선의 이별로 만드는 것입니다. 오늘을 함께할 수 있다면, 미래의 일을 생각하고 불안해하기보다 함께 웃고 때로는 울며 지내기 바랍니다.

> 남편은 식도암 3기 진단을 받았습니다. 항암제와 방사선치료가 끝났고 현재는 평소처럼 생활하고 있습니다. 하루 세 번 식사와 청주 세 홉 정도 반주를 곁들입니다. 바둑을 즐기고 운전도 합니다. 본인은 앞으로 3년 더 살면 원하던 바를 다 이룬 셈이라며 달관한 듯 말합니다. 그런데 때때로 히스테리를 부릴 때도 있습니다. 이런 남편을 앞으로 어떻게 대하면 좋을지 불안합니다.

발병하기 전과 다름없는 생활로 돌아간 남편에 대해서는 걱정도 되지만, 남편 본인이 그것으로 인해 감정변화를 일으킬 때가 있기는 해도 대체로 즐겁게 지내고 있다면 문제없다고 생각합니다. 오늘이라는 하루를 함께 지낼 수 있음을 기뻐하고 날마다 정성을 다해 살면 일어날 일은 일어나고, 일어나지 않을 일은 일어나지 않습니다.

앞으로 식사량이 줄더라도 그때 주의를 하지 않았기 때문이라는 말은 하지 않아야 합니다. 이 또한 과거를 분리하는 것입니다.

살아남은 것을 받아들이기

> 9년 전 위암 수술을 받고 위장의 3분의 2를 잘라냈습니다.
> 나처럼 암에 걸린 친구, 지인의 죽음…. 그 다름은 무엇인지 생각
> 할 때가 있습니다. 9년 동안 부모님, 친척, 친구가 암을 비롯한 이
> 유로 세상을 떠났습니다. 그때마다 문득 나는 살아있어서 다행이
> 라는 생각을 하곤 합니다. 그만큼 소중한 삶을 살자 다짐합니다.

심근경색으로 쓰러졌을 때 주치의가 왜 이 병에 걸렸는지 짚
이는 데가 있을 거라고 말했습니다. 죽을 고비를 넘기고 조금 안
정되자 저는 술을 즐기지 않고 담배도 피지 않는데, 더군다나 이
렇게 젊은데 왜 제가 심근경색으로 쓰러졌어야 했는지 생각했
습니다.

그런데 원인을 아무리 따져봐도 이미 병은 생기고 말았으니
하는 수 없다는 결론에 이르렀습니다.

왜 내가 살아났는지 생각할 때도 마찬가지였습니다. 같은 심
근경색인데 왜 나는 목숨을 건지고 다른 사람은 목숨을 잃었는
지 이유는 아무도 모릅니다. 사고나 재해를 당한 때도 마찬가지
입니다. 그렇다면 살아났다는 현실을 기반으로 사고할 수밖에
없습니다.

마르쿠스 아우렐리우스는 《명상록Ta eis heauton》에서 이런

말을 했습니다.

　　이미 죽은 자처럼, 지금까지의 생을 끝낸 사람처럼, 앞으로
의 인생을 자연의 순리에 맞게 덤으로 받은 생인 듯 살지 않으
면 안 된다.

　그때 나는 이미 죽었는지도 모릅니다. 그런데 이렇게 살아있
으니, 나도 아우렐리우스가 말한 것처럼 '덤으로 받은 생'을 살
고 있다고 생각합니다.

　회복 조짐이 보이기 시작할 무렵 주치의는 "책을 쓰세요. 책
은 남으니까."라고 말했습니다. 그때, 이제부터 책을 쓰며 살아
야겠다고 마음먹었습니다. 그것이 삶의 자극이 되었습니다.

　"지진으로 어머니를 잃고 고향도 사라졌습니다. 이제 나는 어
떤 생각으로 살아야 할까요?"

　강연이 끝난 후 이런 질문을 한 남성에게 저는 앞서 인용한
소설 속 문장 "저승은 좋은 곳인가 보다. 가고 나면 한 사람도 돌
아오지 않는 걸 보면."을 소개했습니다. 그리고 이렇게 조언했습
니다.

　"당신에게는 할 일이 아직 남아 있습니다. 어머니는 언제까지
라도 기다리실 겁니다."

나의 죽음과 어떻게 마주할까

모든 태어난 날이 이미 죽음의 시작

타자의 죽음은 부재입니다. 타자는 사라졌지만, 이 세계는 존재합니다.

그렇다면 자기가 죽으면 어떻게 될까요? 타자의 죽음을 바탕으로 상상할 수밖에 없습니다. 살아서는 자기 죽음을 경험할 수 없으니 자기 죽음이 어떤 것인지 알 수 없지요. 타자는 죽었어도 그 사람만 부재할 뿐 살던 세계는 존재합니다. 마찬가지로 내가 산 세계는 내가 죽어도 존속할 것입니다. 하지만 나라는 개체는 무無가 될지도 모릅니다. 어쩌면 내가 무가 되면 세계도 무가 될지 모릅니다.

확실한 것은, 사람은 누구도 예외 없이 죽는다는 사실입니다.

심리학자이자 정신과 의사인 밀턴 에릭슨Milton H. Erickson

은 이런 말을 했습니다.

> 태어난 날부터 죽음이 시작된다는 말을 마음에 새겨두어야 합니다. 소수의 사람은 죽는 데 그다지 많은 시간을 쓰지 않고 인생을 유효하게 삽니다. 이에 비해 대부분의 사람은 죽음을 오래도록 기다립니다.[14]

태어난 날이 죽음이 시작되는 날인 것은 분명합니다. 그러나 이는 사람은 죽기 위해 산다는 말이 아닙니다. 인생은 죽기 위한 것이 아니라 살기 위한 것입니다. 사람은 언젠가 반드시 죽지만 죽음을 '오래도록' 기다릴 필요는 없습니다.

'죽는 데 그다지 많은 시간을 쓰지 않는다'라는 말은 죽음만 생각하고 죽음을 두려워하며 불안을 느끼지 않는다는 뜻입니다.

죽은 후 살아 돌아온 사람은 없습니다. 그러니 죽음이 무엇인지 아는 사람도 없습니다. 모르니까 그것이 무서운 것인지 아닌지 불분명합니다. 죽음이 좋은 것이라는 가능성도 전혀 배제할 수 없습니다.

하지만 이치상 죽음이 두려운 것은 아니라고 생각해도, "죽는 데 그다지 많은 시간을 쓰지 않는다."라고 에릭슨이 말한 까닭은 살아있을 때 죽음에 대해서 '조금'도 생각하지 않는 사람은 없기 때문입니다.

인생에서 미래를 생각하고 기다려야 할 일은 있지만, 죽음이 확실한 것이라면 죽음만은 기다리지 않아도 됩니다.

죽음은 도착지일 뿐 목적지가 아니다

인생을 여행에 비유하기도 합니다. 그도 그럴 것이, 인생과 여행은 닮은 구석이 있습니다. 그 하나는 목적지가 있다는 겁니다. 그런데 앞에서 보았듯이 사람은 죽기 위해 살지 않습니다. 죽음은 종착지입니다. 목적지가 아닙니다. 죽음을 '목적'으로 사는 사람은 없습니다. 다른 하나는 마지막에는 죽음에 이르지만, 목적지(인생일 경우 종착지)에 도착하는 것보다 그곳에 이르기까지의 과정이 중요합니다. 여행은 집을 나올 때부터 시작됩니다. 목적지에 도착해서 비로소 여행이 시작되는 건 아닙니다. 게다가 그 과정에서 무슨 일이 일어날지 예측할 수 없습니다. 인생은 준비된 각본이 있는 연극이 아닙니다.

무슨 일이 일어날지 예측할 수 없는 인생은 미키 기요시 식으로 말하자면, '미지의 세계로의 방랑'입니다. 그런데 이런 방랑이 반드시 무서운 건 아닙니다.

앞으로 향할 곳이 어딘지 모를 때 느끼는 알 수 없는 기분을 방랑 감정이라 합니다. 여행에서는 무엇이 자신을 기다리고 있을지 모르기 때문에 방랑 감정을 느낍니다. 하지만 그 감정이 두려움이나 불안은 아닙니다. 오히려 미지의 세계를 앞에 두고 고양감을 느끼는 사람도 있습니다.

삶에서 느끼는 감정도 마찬가지입니다. 삶의 여정에서 어떤 일이 일어날지 알지 못합니다. 하지만 여행 중에 무슨 일이 일어날지, 여행 목적지가 어떠한 곳인지 미리 알고 있다면 애초에 여행을 떠날 필요가 없습니다. 마찬가지로 인생의 여정에서 무슨 일이 일어날지 속속들이 알지 못합니다. 그래서 더 불안감이나 두려움을 느끼는 일은 있지만, 예상치 못한 일과의 조우로 인해 오히려 인생의 즐거움이 커지기도 합니다.

분명 죽음이 어떤 것인지 알 수 없습니다. 그러나 실체를 알 수 없다고 해서 죽음을 두려워해야 하는 것은 아닙니다. 어느 날 진료 순서를 기다리던 저는 죽음만은 아직 경험한 적이 없다는 생각이 들었습니다. 그때의 생각은 죽음은 무서운 존재가 아니라는 것, 경험하지 않은 세계를 무서운 존재로 규정하지 않아도 된다는 것이었습니다.

현실태로서의 인생

탄생에서 시작해서 죽음으로 끝난다는 직선적 시각만이 유일한 것은 아닙니다. 그리스 철학자 아리스토텔레스는 운동을 키네시스(운동)와 에네르게이아(실현) 두 가지로 분류합니다.

키네시스는 시점과 종점에 있는 운동입니다. 이 움직임은 가능한 빠르고 효율적인 것을 바람직하게 여깁니다. 여기서는 목적지에 도착하기 이전의 움직임은 아직 목적지에 다다르지 않았다는 의미에서 미완성이고 불완전합니다.

저는 교토에서 삽니다. 도쿄 출장 때는 완행열차가 아닌 고속열차를 탑니다. 도쿄까지 되도록 효율적으로 가야 하니까요. 만약에 가는 도중 사고라도 나서 열차가 멈추게 되어 도쿄에 가지 못하면 교토에서 도쿄까지의 움직임은 미완성이고 불완전한 것이 됩니다.

이미 하나의 움직임인 에네르게이아는 '되어가고 있는' 것이 그대로 '되고 만' 것이 됩니다. 그 움직임은 언제나 완전하고 '어디에서 어디까지'라는 조건과도 '얼마 동안에'라는 것과도 관계가 없습니다. 이를테면 춤을 추는 행위는 그 자체로 의미가 있으며 춤추고 있는 순간순간마다 즐겁습니다. 어디론가 가기 위해 춤을 추는 건 아닙니다. 음악이 멈추면 춤도 끝나는데 그 시점에 어디에 도달했는가는 문제가 되지 않습니다.

그렇다고 한다면 삶은 에네르게이아의 움직임과 비슷합니다. 앞서 인생을 여행에 비유할 수 있음을 보았는데 인생을 효율적으로 살아도 의미는 없습니다. 목적지에 도달하는 것만이 여행의 목적은 아니듯 인생도 과정을 즐기는 여정입니다. 설령 요절하는 일이 있어도 삶은 미완성이거나 불완전한 것이 아닙니다.

인생을 설계하는 이유는, 인생은 키네시스라고 생각하기 때문입니다. 앞으로도 인생은 계속된다는 확신이 있는 까닭에 인생 설계가 가능합니다. '인생 백세 시대'라는 말도 마찬가지입니다. 평균수명은 늘어났지만, 자기 수명은 알지 못합니다. 따라서 '평균'을 염두에 둬도 의미는 없습니다. 장수를 목표로 설정하고 그 목표를 향해 에둘러가지 않고 가능한 효율적으로 사는 게 인생은 아닐 겁니다. 인생을 효율적으로 산다는 말은 결국, 사람은 최후에는 죽기 때문에, 헛된 일은 하지 말고 일찍 죽으면 좋다는 의미가 되어버립니다.

인생을 에네르게이아라고 보면 사는 방식이 달라집니다. 이를 위해 질병에 걸릴 필요는 물론 없는데, 지금까지 순탄한 인생을 산 사람도 질병으로 쓰러지게 되면 인생은 결코 계획대로 살 수 없음을 깨닫고 느려도, 에둘러 가도, 멈춰서도 상관없다고 여기게 될 겁니다. 서두르려고 해도 서두를 수 없으니 전차 속에서 달리는 것 같은 삶은 이제 멈추자고 생각할 때, 과거도 미래도 없이 지금 여기를 살 수 있게 됩니다.

이미 '없는' 과거로 돌아갈 수 없으니 후회해도 의미가 없습니다. 아직 오지 않은 것이 아니라, 극단적으로 말해서, '없는' 미래를 생각하고 불안해져도 의미가 없습니다.

마르쿠스 아우렐리우스는《명상록》에서 이렇게 말했습니다.

설령 네가 3,000년을 산다 한들, 3만 년을 산다 한들 기억해 두게나. 누구도 지금 사는 생 이외의 다른 생을 잃어버리지 않는다는 것, 지금 잃어버린 생 이외의 다른 생을 살지 않는다는 것을.

죽음을 잊기

지금이 충실하면 죽음이 어떤 것인지 몰라서 두려워하고 불안감을 느끼지도 않을 겁니다.

장거리 연애 중인 두 사람은 헤어질 시간이 다가오면 다음 만남을 기약할 수 있을지 불안합니다. 두 사람이 정말 즐겁게 지내고 '완전연소'했다면 다음에 언제 만날지 약속하는 것도 잊어버린 채 헤어집니다. 이런 식으로 충만한 시간을 보낸 두 사람은 '다음'을 요구할 필요가 없습니다. 다음을 생각하지 않아도 좋을 만큼 만나고 있는 시간을 즐길 수 있었기 때문이지요. 이런 두 사람은 다음을 생각하지 않지만, 결과적으로 '다음'은 있습니다.

그런데 불완전연소로 끝난 두 사람은 그날의 불만족을 회복하려 합니다. 다음 만남을 약속하지 않고 헤어지면 두 번 다시 만날 수 없을지 모른다는 생각에 다음 약속을 확정하려 합니다. 이런 두 사람에게는 '다음'이 없습니다.

장거리 연애와 달리 인생에 '다음'은 없습니다. 지금의 인생이 충실하다면 내세에 도박을 걸려는 생각은 하지도 않을 겁니다.

앞의 이야기로 다시 돌아가겠습니다. 다른 이의 죽음은 경험할 수 있지만, 자기 죽음은 경험할 수 없습니다. 그러한 까닭에 죽음이 어떤 것인지 알지 못합니다. 죽음이 어떤 것인지 몰라도, 죽음이 어떤 형태로 기다릴지 몰라도, 지금의 인생이 충실하다면 죽음이 어떤 것인지는 문제 되지 않을 겁니다. 죽음이라는 것조차 잊어버릴지도 모릅니다.

다시 말하지만, 인생의 끝에 죽음이 있다는 것, 그리고 그것이 어떤 것이든 지금의 삶의 방식은 변하지 않습니다. 생각해야할 것은 지금 어떤 삶을 살고 있느냐는 겁니다.

집착하니까 죽는다

죽음 앞에서 일체의 두려움도 불안감도 느끼지 않고 담담하게 죽을 수 있음을 부정하는 사람은 미키 기요시의 말에 안도할지도 모릅니다.

무엇에도 집착이 없다는 허무한 마음으로는 인간은 좀처럼 죽기 어렵지 않겠는가. 집착할 것이 있으니까 죽을 수 없다는 말은 달리 말하면 집착하는 것이 있으므로 죽을 수 있다는 뜻이다. 깊이 집착하는 대상이 있는 사람은 사후에 돌아가야 하는

곳이 있다.[15]

집착의 대상이 없는 사람은 없을 겁니다. 자식의 성장을 지켜보기 전에는 죽어도 눈을 감을 수 없다는 사람도 있을 겁니다. 미키 자신은 이《인생론 노트》를 쓸 때 자신이 옥사하게 되리라고는 꿈에도 생각하지 못했을 겁니다. 분명 옥중에서 어린 자식을 생각했을 겁니다. 미키의 아내는 병으로 일찍 세상을 떠났습니다. 미키는 아내를 깊이 사랑했기에 아내가 죽은 후에도 아내 생각을 자주 했을 겁니다. 죽은 이를 떠올릴 때, 죽은 이가 생전과 다름없이 여기에 있다고 느껴집니다. 그때 미키는 아내의 영생을 확신했을 겁니다.

이런 확신이 있는 사람은 자신이 집착할수록 사랑했던 사람이 자신이 죽은 후에도 때때로 자신을 떠올려주리라는 걸 확신할 수 있을 겁니다.

미키는 다음과 같이 말합니다.

내게 진실로 사랑하는 사람이 있다면 그것이 나의 영생을 약속하리라.

진정으로 사랑하는 대상이 바로 '집착'하는 사람입니다.
이렇게 생각하는 사람은 자신을 기억해주는 사람이 아무도 없으면 그때 또 한 번 죽습니다. 반대로 자신을 기억하는 사람이 있다면 그 사람에게 자신은 불사의 존재입니다. 그렇기에 더욱 나를 잊지 않아주기를 욕망합니다. 하지만 나를 영원히 기억해 줄지 말지는, 혹은 누군가의 마음속에 불사의 존재로 살아있을 수 있을지 어떨지는 내가 결정할 수 있는 문제는 아닙니다. 그런 데도 이런 희망을 품을 수 있기에 더욱 죽을 수 있습니다.

> 과거를 생각하면 이미 지났으니까, 라는 생각을 하게 되지만, 미래를 생각하면 하나부터 열까지 온통 걱정뿐입니다. 해외 여행 간 딸들이 무사히 돌아올까, 언제 또 지진이 일어날까, 걱정을 시작하면 한도 끝도 없습니다.

> 하루도 지진이 일어나는 건 아닐까 떨지 않는 날이 없습니다. 일어날지도 모르지만, 그런 데에 마음을 쓰는 건 아까우니까, 다른 걸 더 생각하고 지내려는데 어떻게 하면 좋을까요?

앞서 '권내'라는 말을 사용했습니다. '힘이 미치는 범위 안'이라는 뜻입니다. 권내에 없다는 건 내 힘으로는 어찌할 도리가 없다는 뜻입니다.

미래의 일은 권내에 없습니다. 무슨 일이 언제 어떻게 일어날지 모르기 때문이죠. 불확실한 미래만을 생각하고 지내면 지금을 살아낼 수 없습니다. 권내에 없는 것을 배제하면 큰 짐을 내려놓을 수 있습니다.

인간은 태어나면서부터 죽음을 향해 가고 있는 것이네요.

분명히 그렇습니다. 앞에서도 썼듯이 죽음은 종착지이지만 목적지는 아니므로 죽음을 전혀 의식하지 않고 살기는 어렵습니다. 하지만 여행하듯 인생도 그 여정을 즐겼으면 합니다.

4장

함께일 때
흔들리지 않을 수 있다

모두의 아픔은 모두의 책임

언젠가 내게도 닥칠 고통

제가 졸업한 고등학교는 불교계 학교였던 까닭에 매주 종교 시간이 있었습니다. 종교 시간에는 오로지 붓다의 생애와 그 가르침을 상세히 배웠습니다. 3년간 배운 내용을 지금도 또렷이 기억하고 있는데, '사문유관四門遊觀' 설화는 특히 더 또렷합니다.

붓다가 출가하기 전의 일입니다. 석가족의 태자로 부족함을 모르고 성장한 붓다는 깊은 생각에 잠기게 되었습니다. 부왕은 그런 아들을 성 밖으로 외출하게 했습니다. 동서남북 네 개의 문을 통해 성 밖으로 나간 붓다는 늙은이, 병자, 죽은 자, 수행자를 만납니다. 이 만남을 통해 인생의 고통을 목격한 붓다는 출가를 결심하고 궁전을 떠납니다.

누구나 늙고 병듭니다. 그리고 죽습니다. 누구도 늙음, 질병, 죽음을 피해갈 수 없습니다. 젊고 건강한 사람은 자신이 늙어가고 있음을 상상조차 하지 못할 겁니다. 나이 먹은 사람은 자신의 늙음을 의식하고 때로는 병으로 쓰러지게 되더라도 '늙고 싶지 않다', '영원히 젊음을 간직하고 싶다', '병에 걸리고 싶지 않다', '죽고 싶지 않다'고 생각합니다. 이런 생각을 할 때 자기와 타자를 분리하고 분별하는 일이 필요합니다.

성 밖으로 나가서 늙은이, 병자, 죽은 자와 만났을 때 붓다는 젊고 건강했습니다. 하지만 붓다는 노인을 보고 자신은 젊어서 다행이라고 생각하지 않았습니다. 자신도 늙을 수밖에 없는 자, 병들 수밖에 없는 자, 죽을 수밖에 없는 자라고 생각했습니다. 자기와 타자를 분별하지 않고 자기 안으로 포용했습니다.

모두의 책임

불교학자 스즈키 다이세쓰鈴木大拙는 어느 날 거리에서 신체 부자유한 청년을 보고 이렇게 말했습니다.

"모두의 책임이다. 가만히 있을 수가 없다. 일이다, 일."

그 눈동자는 깊이 잠겨 있었다. 다이세쓰는 자신과 타자를 분리할 수 없었던 것이다.[16]

아들러는 다음과 같은 말을 했다고 합니다.

중국 어딘가에서 아이가 맞고 있을 때 우리는 비난을 받아 마땅하다. 이 세계에서 우리와 관계가 없는 건 하나도 없다.[17]

지금도 세계 곳곳에서 아이들이 학대받고 있습니다. 사람들은 그것에 동정심은 갖지만, 자신에게 책임이 있다고는 여기지 않습니다. 자기는 아이를 학대하지 않으며, 자애롭게 대한다고 믿으니까요. 이런 사람은 자기와 타자를 분별하고 있습니다.

붓다였다면 나 또한 같은 처지에 놓이면 아이를 때렸을지도 모른다고 생각했을 겁니다. '가만히 있을 수 없다' 이렇게 생각한 붓다는 출가했습니다.

나도 같은 행위를 할 수 있는 존재

10년 전 심근경색으로 쓰러졌다가 회복한 이후, 2개월마다 병원 검사를 받던 어느 날이었습니다. 병원 대기실에서 소란스러운 소리가 들렸습니다. 무슨 일인가 싶어 봤더니 한 여성이 어머니로 보이는 고령의 여성에게 마구 화를 내고 있었습니다. 휠체어를 탄 어머니는 어떤 저항도 하지 않은 채 자식의 폭언을 듣고 있었습니다.

저는 그 여성을 보고, '이 여성은 가까운 미래에 자신 또한 어머니처럼 간호가 필요할 때가 있을지 모른다는 생각을 해보지 않았단 말인가. 그런 때가 오리라는 것을 안다면 어머니를 가혹하게 대하지 못할 텐데' 하고 생각했습니다.

문제는 두 가지입니다. 하나는 이 여성이 자신과 어머니를 분리하고 있다는 겁니다. 자신은 젊고, 어머니는 간호가 필요할 만큼 늙었다는 생각으로 자신과 어머니를 분별했습니다. 모르는 사람이었다면 혀를 차며 그 자리를 떠났을 겁니다. 하지만 어머니는 그럴 수 없습니다.

다른 하나는, 두 사람을 보면서 '나는 부모님에게 험한 말을 하지 않으리라' 다짐했다면, 이 역시 나와 타인을 분별하는 행위라는 것입니다. 나는 이 사람과 다르다고 생각했을 뿐 아니라, '나는 옳고 부모에게 험한 말을 쏟는 이 여성은 옳지 않다, 그 사람과 나는 다르다'는 생각 역시 '내가 두 모녀와 같은 상황에 놓인다면, 같은 행동을 했을지도 모른다'는 생각은 하지 못한 결과라고 볼 수 있습니다.

우리도 부모처럼 늙어가고, 병에 걸리고, 마침내 죽습니다. 우리가 지금 돌보는 부모는 바로 미래의 자기 자신입니다. 모든 분쟁은 자기와 타자를 분별하는 데서 시작됩니다.

상대의 처지가 되어서 생각하는 태도를 아들러는 '공감'이라고 말합니다. 상대와 자기를 '동일시'하는 것이 중요하다는 뜻입니다. 같은 입장에 서면 자신도 같은 말을 할지 모른다는 생각으로 타자를 분별하는 것이 아니라, 타자를 내 안으로 포용하면 분쟁은 사라집니다.

판단을 보태지 않기

> 치매 어머니를 집에서 10년 남짓 보살폈습니다. 그동안 도움 한번 주지 않던 형님 부부가 "우리가 간호했으면 훨씬 잘 모셨을 것"이라는 취지의 말을 해서 맥이 풀렸습니다. 현실적으로 나밖에 보살필 사람이 없어서 열심히 했는데 너무 야속합니다. 도와준 남편의 마음도 짓밟혀버린 느낌입니다. 이 기분을 풀려면 어떻게 하면 좋을까요?

"우리가 간호했으면 훨씬 잘 모셨을 것"이라는 형님 부부의 말은 자신들이 간호해야 했는데 못했다는 열등감이 굴절된 표현입니다.

여기에는 몇 가지 문제가 있습니다. 먼저, '잘했을지 못했을지'의 판단은 현실의 간호에 대해서만 내릴 수 있으며, 기능적인 간호 즉 실제로는 하지 않았지만 했을지도 모를 간호에 관해서는 판단할 수 없습니다. 시험엔 떨어졌지만 만약에 붙었다면 좋은 성적을 받았을 것이라고 말하는 것과 같습니다.

다음은, '잘했는지 어땠는지'의 판단은 보살핌 받는 어머니만 할 수 있습니다. 형님 부부가 내릴 판단은 아니라는 겁니다. 따라서 '잘했을 거다'라는 말은 본래 자신들은 판단할 수 없는 사안을 판단하려 한 것입니다. 자신들의 생각, 어머니에게 바라는 희망을 말한 것에 불과합니다.

"우리가 간호했으면 훨씬 잘 모셨을 것"이라는 말을 하는 형님 부부에게 할 수 있는 답변은(하지 않아도 되지만), "형님네는 그렇게 생각하시나 봐요."입니다. 실제로 일어난 일은 형님 부부가 "우리가 간호했으면 훨씬 잘 모셨을 것"이라고 한 말뿐입니다. 이 사실에 그 이상의 판단을 추가하면 안 됩니다. 상처받았다고 화내면 안 됩니다. 상처받을 필요도 없습니다.

자신도 늙고 언젠가는 타인의 보살핌을 받게 될 수 있다고 막연히 생각은 해도 그것이 현실이 되리라는 생각을 하면서 사는 사람은 많지 않습니다. 사람은 누구나 반드시 죽습니다. 그것은 자명한 사실이지만 많은 사람이 자신은 예외인 듯이 살아갑니다.

내가 바뀌면 관계가 바뀐다

현재의 행복하고 평온한 일상에 감사하는 나날입니다. 그렇긴 한데 아무래도 시어머니 때문에 받는 스트레스가 있습니다. 결혼하고 계속 참고 견뎠습니다. 시어머니로 인한 스트레스로 부부싸움도 합니다. 내 마음을 바꾸려 노력 중인데 때때로 분노가 폭발합니다. 어찌하면 좋을까요.

본인 마음을 바꾸려는 시도는 문제 해결의 방향성으로 볼 때 옳습니다. 시어머니라 할지라도 타자를 바꿀 수 없으니까요. 자신도 시어머니처럼 말하고 행동하지 않을 거라고 단정할 수 없습니다. 나는 시어머니처럼은 하지 않겠다고 결심하는 수밖에 없습니다.

그렇다고 참을 건 없습니다. 시어머니의 어떤 말과 행동이 스트레스를 주는지 표현하기 바랍니다. 단, 화를 내면 관계가 악화합니다. 감정적으로 대처하지 말고, 말해봤자 무슨 소용이냐며 포기하지도 말고 "지금 하신 말씀에 화가 납니다."라든가 "지금 하신 말씀에 상처받았습니다."라고 이성적인 말로써 전달하면 고부 관계에 모종의 변화가 일어날 겁니다.

❝

딸은 사사건건 내 의견에 반기를 들었습니다. 말싸움 끝에 딸이 집을 나갔고 발을 끊은 지 5년이 지났습니다. 시간을 되돌려서 예전처럼 잘 지내고 싶습니다.

'사사건건'은 아니었을 겁니다. 말싸움으로 번질 만큼 딸이 자기 의견에 반대하면 그런 인상을 받을 수 있지요. 딸 역시 부모와 떨어져 있는 것을 후회할지 모릅니다.

친정과 5년 넘게 인연을 끊은 사람이 있었습니다. 부모가 자기 인생의 선택에 반대한 것이 이유였습니다. 부모도 자식과 의절했다고 말했습니다. 시간이 흐른 어느 날 늙은 부모가 걱정돼서 친정집 건너까지 찾아간 딸은, 도저히 길을 건너지 못하고 그대로 발길을 돌렸습니다.

자기가 먼저 다가가면 진다는 생각이 앞서면 아무것도 할 수 없습니다. 처음부터 관계가 나빴던 게 아니라 갈등 전까지는 사이가 좋았다면, 자식이 먼저 다가와주기를 기대하기 전에 부모 쪽에서 먼저 행동하면 적어도 관계는 변합니다. 어떻게 변할지는 모릅니다. 지금의 교착상태에서 벗어나기를 바랄 뿐입니다.

과거를 분리한 채로 관계를 재설정하기

인지력이 저하된 엄마의 상태를 주시하면서 이 상황에 과몰입하지 않으려 일도 병행하고 있습니다. 직장에서 보내는 시간이 있어서 엄마에게도 다정하게 대할 수 있다고 생각합니다. 앞으로 엄마와 있을 시간이 더 늘어났을 때, 마음의 여유가 줄어

들 생각을 하면 걱정입니다. 엄마의 노년과 나의 노년에 대해 생
각할 때도 있습니다.

어머니와 떨어져 있는 시간이 있어서 마음의 여유를 가질 수
있으니 고마운 일입니다. 함께 지내는 시간이 많아지면 그것에
비례해서 서로 부딪히는 횟수도 늘어납니다. 그렇다고 관계가
악화되는 것만은 아닙니다. 오히려 함께 지내는 시간이 늘면 사
이가 좋아지기도 합니다. 어떤 관계든 좋거나 나쁜 쪽으로만 쏠
릴 수는 없습니다. 애당초 서로 부딪히는 관계조차 없다면 나빠
지지도 않는 대신 좋아질 수도 없습니다.

부모와의 관계 유형을 결정하는 것은 '실제의' 여유가 아닌
'마음의' 여유에 달려 있으며, 다정하게 대하려는 결심만 있다면
관계 개선도 가능합니다. 좋은 관계를 구축하려 한다면 전제 되
어야 할 것이 있습니다. 그것은 과거를 분리하고 지금 여기에서
부모와 좋은 관계로 지내는 일입니다. 부모와의 관계는 어릴 때
부터 시작해서 오래도록 긴밀하게 이어온 관계이므로 틀어지면
되돌리기 어려운 점이 있습니다. 그래도 부모나 자식 어느 한쪽
이 지금까지의 관계를 재설정하면 됩니다.

자신도 부모와 마찬가지로 늙는다는 진실을 인지하고, 부모
입장에 서서 부모를 생각하면 앞으로의 상황 변화와 상관없이
다정하게 대할 수 있을 겁니다.

지난해 남편의 건강이 안 좋아져 5개월간 입원했다가 지금은 집에서 요양 중입니다. 열심히 돌보고는 있지만 이따금씩 기분이 가라앉곤 합니다. 그런 때는 지금까지 쌓아온 좋은 추억들을 하나둘 떠올리며 행복한 기분을 되찾으려 애씁니다. 내 노고를 몰라주는 남편의 말과 행동에 실망할 때도 있지만, 밝고 건강한 삶을 목표로 살고 있습니다.

대개는 할 수 없는 것에 주목하기 쉽습니다. 하지만 할 수 있는 것에 주목하는 게 중요합니다.

그러지 않으려 해도 우울해질 때가 있습니다. 그럴 때 할 수 있는 일은 기분을 끌어올리는 것이지만, 때로는 반대로 침울함 속에 자신을 내맡기는 것도 한 방법입니다. 롤러코스터처럼 큰 낙차로 인해 생기는 에너지 그대로를 자신을 견인하는 에너지로 환원할 수 있습니다. 바닥으로 추락하는 기분을 억지로 끌어당기면 오히려 바닥에서 멈춰버리는 일도 있으니까요.

아픈 사람의 입장에서는 이미 자신의 고통이 너무 커서 주변 사람에게 감사의 말이나 노고를 격려하는 말을 미처 하기 어려울 수 있습니다. 그의 입장이 되어서 '내가 만약 이런 상황이라면 어땠을까' 상상해보면 관대해질 수 있습니다.

서로에게 무엇이 정말 옳은가

선악은 판단할 수 없다

　남들의 말이나 행동을 비판하기는 쉽습니다. 자신은 옳고 나머지는 그르다고 생각해서 자신과 타자를 분별하면 분쟁은 끝나지 않습니다. 같은 상황에 놓였을 때 자신도 남과 같은 실수를 할 수 있다는 점을 상기하면 쓸데없는 다툼을 피할 수 있습니다.

　다음은 상황 그 자체를 어떻게 보느냐의 문제를 생각해보겠습니다. 앞서 치매 시어머니를 간호하는 며느리가 어떤 도움도 주지 않은 형님 부부로부터 "우리가 간호했으면 훨씬 잘 모셨을 것"이라는 말을 듣고 맥이 빠졌다는 상담 사례를 언급했습니다. 무언가 상대방이 용서할 수 없는 일을 저질렀고, 그 일이 만약 내가 한다고 해도 똑같은 실수를 범할 수밖에 없는 일이라면, 아마도 그 일은 어떤 기준으로 보더라도 명백한 잘못에 해당하는 일일 것입니다. 하지만 실제로, 그 일이 진짜로 선인지 악인지를 판단할 수 있을까요? 정말 그 며느리가 시어머니를 잘 보살폈는지 아닌지를 판단할 수 있는 이는 오직 시어머니입니다. 도대체 어떻게 간호를 해야 '잘 모셨다'고 판단할 수 있을까요?

선악에 대한 무지

마르쿠스 아우렐리우스는 철학자가 되려는 생각에 왕좌를 전혀 탐내지 않았습니다. 그런 탓에 궁정에서의 하루를 시작해야 하는 어느 아침에는 가라앉은 기분으로 이런 말도 했습니다.

> 나는 오늘도 쓸데없이 참견하고 배은망덕하며 오만하고 기만적이며 시기심 많고 사교적이지 않은 인간들과 만날 것이다.[18]

하지만 아우렐리우스는 틈만 나면 자신을 계략에 빠뜨리려는 그들을 비난하지 않습니다.

> 누군가 네게 어떤 잘못을 저질렀을 때, 그가 무엇을 선 혹은 악이라고 판단해서 잘못을 저질렀을지 즉시 생각하게. 왜냐면 그것을 알면 그를 가련하게 여기고 놀라지도 분노하지도 않을 것이니까.

실제로는 분노에 떠는 날도 있었을 겁니다. 그는《명상록》에서 자신을 '너'로 칭합니다. 분노를 삭이는 방법을 자기 자신에게 들려주고 있는 겁니다. 앞에서 쓴 말을 사용하자면 아우렐리우스는 타자를 분별하지 않습니다. 적어도 그래서는 안 된다고 자신을 경계합니다.

여기서 아우렐리우스는 그들이 잘못을 저지른 것을 선과 악의 인식으로 연결하고 있습니다. 그리고 다음과 같이 말합니다.

이 모든 일이 그들에게서 일어난 것은 그들이 선과 악에 대해 무지하기 때문이다.

이는 도대체 어떤 의미일까요?

악을 원하는 사람은 없다

플라톤의《메논Menon》에는 '소크라테스의 역설'로 알려진 다음과 같은 명제가 있습니다.

누구 하나 악을 원하는 사람은 없다.

이것이 왜 역설인가 하면, 부정을 범하는 사람이 있기 때문입니다. 정의를 실현하는 사람 중에도 거짓으로 정의를 실행하고 본심은 정의롭지 않은 사람이 있을지 모릅니다. 만약 아무도 모르게 부정을 저지를 기회가 주어진다면 어떤 태도를 취할지 알 수 없습니다. 실제로는 악을 원하는 사람이 있지 않을까요? 그렇다면 이 명제는 역설이 맞을까요?

그리스어의 '선'과 '악'은 도덕적 의미를 담고 있지 않습니다. 아우렐리우스도 로마 황제였는데 《명상록》은 그리스어로 썼으므로 그 또한 선과 악을 도덕적 의미로 파악하고 있지 않습니다. 그리스어로 선과 악은 각각 '자기에게 도움이 되다', '자기에게 도움이 되지 않다(해가 되다)'라는 의미입니다. 이런 의미를 기저에 두고 '누구 하나 악을 원하는 사람은 없다'라는 명제와 앞서서 본 아우렐리우스의 말을 다시 읽으면 다른 의미가 보입니다.

'누구 하나 악을 원하는 사람은 없다'는 누구나 선을 원한다는 말입니다. 선은 '자기에게 도움이 되다'라는 뜻이므로 '누구 하나 악을 원하는 사람은 없다'라는 말은 누구도 자기에게 도움이 되지 않는 것을 원하지 않는다는 뜻으로도 읽힙니다. 이렇게 보면 이는 너무도 당연한 사실을 말할 뿐 역설이라고 부를 수 없게 됩니다.

문제는 선이 무엇인지를 판단하기 어렵다는 데 있습니다. 요즘 시대에도 부정을 묵인하고 거짓말하는 사람은 수없이 많습니다. 게다가 빤한 거짓말로 사람을 속이고도 명성이 추락하기

느커녕, 도리어 거짓말한 공적을 인정받아 출세하는 부조리가 횡행합니다. 이런 행위를 일삼는 사람에게는 부정이야말로 선입니다. 이들은 부정을 저질러야 이익을 얻는다고 여깁니다. 하지만 그것이 진짜 선인지는 알 수 없습니다.

대개의 사람은 부정이 선이 되면 안 된다, 정직해서 손해를 보는 일이 있어서는 안 된다고 생각합니다. 스위스의 철학자 카를 힐티Carl Hilty는 그의 책《잠 못 이루는 밤을 위하여Für schlaflose Nächte, For Sleepless Nights》에서 다음과 같이 말했습니다.

지상에서 벌을 받지 않는 부정이 존재하는 것은 우리의 관점에서 보면, 오히려 이 세상에서 일체의 계산서가 청산되는 것이 아니라, 필연적으로 여전히 그다음의 생활이 있음이 틀림없다는 추론을 정당화할 것이다.

물론 부정을 저지르는 사람은 저승의 일 따위 관심도 없겠지만, 힐티처럼 생각하지 않으면 안 됩니다. 다시 말해, 결국 정의가 선이 되어야 합니다.

그것 자체로는 선도 아니고 악도 아니다

아우렐리우스가 궁정에서 만난 사람들도 그들 행위가 각자에게 도움이 된다고 여겼기에 황제에 대해 오만하고 진실하지 않은 태도를 보였던 겁니다. 그런데 그들은 무엇이 그들에게 도움이 되는지, 아닌지를 모릅니다. 이것이 '선과 악에 대한 무지'라는 말의 의미입니다. 만약에 그들이 자신들의 행위가 선이라는 것을 알고 있었다면 자신에 대한 태도를 고쳤겠지만, 무지해서 자신에게 잘못을 저지릅니다. 그렇다면 아우렐리우스 자신은 선악에 대한 지知를 갖고 있었느냐면 그렇지 않을 겁니다. 대개는 선으로도 악으로도 판단할 수 없으므로 무엇이 선이고 악인지 정확한 판단은 어렵습니다.

아우렐리우스는 이를 '선악무기善惡無記'라는 말로 정의합니다. 선악을 구별할 수 없는, 그것 자체로는 선도 아니고 악도 아니라는 뜻입니다. 예를 들면 재산, 지위, 성공, 용모, 건강 등은 언제 잃게 될지 아무도 모릅니다. 건강한 사람도 언제 병에 걸려서 건강을 잃을지 알 수 없습니다. 반대로 병에 걸리거나 부모의 사망처럼 일반적으로 악이라 여기는 것도 그것 자체가 악인 건 아닙니다. 병에 걸리는 경험을 통해 무언가를 배울 수 있습니다. 아프기 전에는, 모두가 틈만 나면 자신을 계략에 빠뜨리려 한다며 끊임없이 의심의 그물을 쳤던 사람도, 자기를 걱정하고 힘이 돼주는 사람이 있다는 걸 깨달으면 타자를 보는 시각이 달라질 겁니다. 몸이 아프게 되면 건강했을 때는 느끼지 못했던 일상의 작은 행복을 깨달을 수 있고, 삶이란 어떤 것인지, 행복은 무엇인지, 건강할 때는 무심히 지나쳤던 것들을 생각하는 기회를 얻습니다. 아우렐리우스는 다음과 같이 말했습니다.

> 더할 나위 없이 행복하게 사는 법은 어쩌면 우리 영혼 안에 있다. 다만 선과 악을 구별할 수 있는 사물들에 대해 무관심해야 한다.

선인지 악인지 판단할 수 없는 것에 무관심하면 훌륭한 삶을 살 수 있다고 아우렐리우스는 말합니다. 선으로 여겨지는 것을 얻는 일도 반대로 잃는 일도 그 자체로는 선도 아니고 악도 아니라면, 그것들에 구애되지 않는 삶을 살아야 할 것입니다.

성공이 선이라고는 할 수 없습니다. 늙음, 질병, 죽음도 악이라고는 할 수 없습니다. 처음부터 선악을 단정 짓지 않는 것이 바람직합니다.

하오와 화이

〈만추〉라는 영화가 있습니다. 폭력 남편을 우발적으로 살해한 여성이 친정어머니 장례식에 참석하기 위해 72시간의 휴가를 얻어 교도소 문을 나선 후의 이야기를 담은 영화입니다.

중국인인 여자 주인공에게 한국인 남자 주인공이 말을 걸어

옵니다. 언어가 달라 서로의 말을 알아듣지 못합니다. 그래서 두 사람은 영어로 대화합니다. 처음에는 경계했지만, 이윽고 마음을 열기 시작합니다.

남자는 자기가 아는 유일한 중국어는 '하오[好]'라고 말합니다. 그 뜻을 'bad'라고 알고 있는 남자에게 여자는 '하오'는 'good'이고 '화이[坏]'가 'bad'라고 가르쳐줍니다. '하오'도 '화이'도 지금까지 밝힌 그리스어와 마찬가지로 도덕적 의미를 내포하지 않습니다. 각각 '선'과 '악'에 대응합니다.

남자는 여자가 하는 말에 '하오' 혹은 '화이'로 대답했습니다. 처음엔 영어로 말하던 여자가 중국어로 말하기 시작하자 이를 알아듣지 못하는 남자는 여자의 말에 '하오' 혹은 '화이'로 대답합니다.

두 남녀가 주고받는 대화를 들으며 나는 아우렐리우스의 선악무기를 바로 떠올렸습니다. 상황을 떠나서 어떤 것이 절대적으로 '하오'인가 '화이'인가, 다시 말해 앞에서 말한 '선(도움이 되다)'인가 '악(도움이 되지 않다)'인가는 결정할 수 없습니다. 따라서 무엇이 선인지 악인지도 판단하기 어렵습니다.

상황을 떠나서 절대적으로 결정할 수 없다는 의미는, 2장의 사례를 되돌아보면 다음과 같은 뜻입니다.

만성신부전으로 매주 3회 혈액 투석을 하는 18세 여성이 있었습니다. 의사는 신장 이식을 제안했습니다. 조직 적합성 검사 결과 그녀에게 신장을 공여할 수 있는 사람은 어머니뿐이었습니다. 이런 경우 어머니가 딸에게 신장을 주는 것이 당연하다고 단언할 수 없습니다. 딸의 입장에서 신장 정착률이 100퍼센트일지를 보장할 수 없고 경과에 따라서는 이식한 신장을 다시 떼어내야 할 수도 있습니다. 어머니도 신장 적출로 인한 위험 부담을 감수해야 합니다.

의학적인 문제에 더해서 대인관계의 문제도 배제할 수 없습니다. 이 사례에서 어머니는 자신이 딸에게 신장을 줄 수 있는 유일한 사람이라는 사실을 알고 있습니다. 그런데 시어머니가 "엄마라면 그깟 일쯤 당연하지."라는 말을 해서 석연찮은 기분에 사로잡힙니다. 엄마니까 당연하다는 식으로 치부할 수 없는 문제이니 만큼, 어머니가 처한 상황을 면밀하게 검토해서 둘 모두에게 '선'이 되는 판단을 내려야 합니다.

선이란 결국은 선택의 문제

지금까지 보았듯이 발생한 일이 선인지 악인지는 쉽게 알 수 없습니다. 그렇기에 판단은 신중하게 내려야 하는데, 마냥 모르는 채로 있게 되어도, 삶이 어려워집니다.

악이라고 인식된 일을 경험했을 때 '좋다'라는 말을 해보는 것도 괜찮은 방법일지 모릅니다. 물론 타인이 병에 걸리는 등의 일을 두고 이런 방법을 사용해선 안 됩니다. 다만 자신을 향해서는 오히려 안 좋았던 일이 행복한 결말을 가져온 적은 없었던가 질문해볼 수 있습니다. 물론 갑자기 다치는 것처럼 안 좋은 일이 닥치면 긍정적으로 생각을 할 여유는 없을 겁니다. 하지만 부정적인 상황을 어떻게 받아들일지는 자기 선택입니다. 아무리 심각하게 굴어도 문제가 해결되는 건 아닙니다.

> 얼마 전 친정엄마를 양로원으로 모셨습니다. 엄마 혼자서 나를 어떻게 키웠는데, 그런 생각을 하면 너무나 미안합니다. 엄마가 행복하게 지내는지 걱정입니다.

직접 어머니의 생각을 확인하는 것이 가장 좋습니다. 아무리 집에서 간호하고 싶더라도, '할 수 있는 것'이라고는 '할 수 있는 것'밖에 없습니다. 어머니를 양로원에 모신 건, 당시 할 수 있었던 최선의 선택지였다고 믿기 바랍니다.

삶은 절대의 선

> 오래 사는 것이 최선이라고 말할 수 없는 시대가 되었습니다. 본인을 비롯해 부모나 친족 모두의 합의가 있으면 안락사는 인정될까요?

삶은 여타의 것들과 달리 절대 선으로 봐야 합니다. 삶을 선인지 악인지 결정할 수 없다고 한다면, 어떤 상황에서는 나에게 도움이 되지 않는 삶이 있다는 말이 됩니다. 그러나 사람은 아무것도 할 수 없는 상황에서도 살아있는 자체만으로 가치를 지닙니다. 부모는 아이가 아무것도 하지 않아도 살아있는 것 자체만으로 고마워합니다.

성인도 마찬가지입니다. 나이를 먹고 병이 들어 아무것도 할 수 없게 되었다고 해서 살아갈 가치가 없을 수는 없습니다. 다만 지금 시대는 살아있는 것 자체에는 가치 부여를 하지 않을 만큼 인간의 가치를 생산성으로 판단하게 되었습니다.

연명치료를 거부하는 본인의 의사를 철회하게 하는 건 어렵습니다. 하지만 앞에서도 보았듯이 그 결정이 신앙 때문이거나 지속적인 통증을 끝내기 위해서가 아니라, 가족에게 성가신 존재가 되기 싫어서라면 슬픈 일입니다. 또 자기에 대해서가 아니라 타인에 대해서 '이 사람은 아무것도 할 수 없으니 이미 살 가치가 없다, 그러니 연명치료를 받을 의미가 없다'고 판단하는 것은 대단히 위험합니다.

완벽한 관계는 존재하지 않는다

선악을 판단하는 일은 어렵지만

이제까지 절대적으로 선, 혹은 악인지를 평가할 수 있는 상황이란 매우 드물고, 선악의 판단 또한 어렵다는 것을 살펴보았습니다.

학교에 가지 않으려는 아이에게 하늘이 무너져도 학교는 가야 한다고 남의 일처럼 말할 수는 없습니다. 자식이 나름대로 등교할 결심을 할 때까지 부모는 자식의 뜻을 존중하고 기다려야 합니다. 문제는 어른들이 하루라도 빨리 돌아가야 한다고 믿는 그 학교에 집단 따돌림 문제가 있거나 강압적인 교사가 있다면, 그런 학교에 아이를 등교시키는 건 옳지 않습니다. 개개의 상황별로 어떤 조치가 바람직할지 검증할 필요가 있습니다.

요점은 이처럼 선악을 판단하기는 어렵지만, 그것이 절대 선악이 없다는 것을 의미하지 않는다는 겁니다.

예컨대 '아름답다'는 말의 의미를 알고 있다는 것은 눈앞에 펼쳐진 광경을 보고 혹은 흐드러지게 핀 꽃을 보고 그것이 아름답다고 판별할 줄 안다는 겁니다. 하지만 이 판별은 만인에게 혹은 모든 경우에 있어 고정불변하지 않습니다. 나는 아름답다고 판별한 것을 다른 사람은 다르게 판별한다거나 전에는 아름답지 않다고 판별했던 것을 지금은 아름답다고 판별하기도 합니다. 베토벤이나 브람스의 음악이 아름답다고 하는 사람에게 팝 음악은 귀에 거슬리고 아름답지 않을 수 있습니다. 젊을 때는 아름다운 줄 몰랐던 음악이 나이 들어 아름답게 느껴지기도 합니다. 회화에 대해서도 별반 다르지 않을 겁니다.

미의 판별을 더 예로 들자면, 어떤 것을 보고 '예쁘다'라는 말을 하는 것은 과거에 본 것과 비교해서 이것이 그 어떤 것보다도 아름답다고 생각하기 때문이 아닙니다. 이런 맥락에서라면 처음 보는 풍경에 감동하거나 처음 만난 사람에게 시선을 빼앗기고 급기야 마음까지 빼앗겨서 사랑에 빠지는 현상을 설명할 수 없기 때문입니다. 무언가를 보고 그것을 아름답다고 판별하고 '예쁘다'라고 말할 수 있으려면 이 판별 속에 선험적으로 내재되었다고밖에 설명할 수 없는 무언가가 작동하지 않으면 안 됩니다.

아름다운 것을 보고 '예쁘다'라고 할 때 그 '예쁘다'라고 말하게 하는 극단의 근거가 있습니다. 플라톤은 이것을 '이데아'라고 말합니다. 이상, 규범, 기준으로서 이 이데아를 알고 있으므로 '예쁘다'라고 판별할 수 있다는 겁니다.

나아가 뭔가를 보는 것은 '예쁘다'라고 소리내어 발음하는 것에 대한 신호를 받는 것일 뿐 아니라, 그것에 대한 대처, 행동에 대한 신호를 받는 것이기도 합니다. 빨간 신호등을 보면 브레이크를 밟거나 날아오는 공을 보고 몸을 피하는 등의 긴박한 행동에 대한 신호, 아이가 등교를 거부하거나 직장을 그만두거나 해서 집에 있는 모습을 보았을 때, 짜증을 내거나 다시 학교나 직장으로 돌아갈 것을 요구하며 야단치는 행동에 대한 신호를 받는 것입니다.

실제 어떻게 대처하고 행동할지는 그것이 선인지 악인지(도움이 되는지, 되지 않는지)의 가치 판단에 따릅니다. 이런 선악의 판단은 어렵지만, 어떤 판단도 옳은 것은 아닙니다. 판단은 어렵지만, 삶 그 자체처럼 절대적인 선악은 분명 존재합니다.

현명함의 전제조건, 경험

잘못된 판단은 이데아 인식이 충분하지 않아서 이 세상에 있는 존재가 완전한 존재라고 생각한 데서 기인합니다. 우리가 하는 일생생활의 경험에서 이데아가 그 자체의 형태를 드러내지는 않습니다. 하지만 경험을 쌓음으로써 조금씩 완전에 가까운 이데아에 접근할 수는 있습니다. 그런 노력을 해야 합니다.

젊은 사람들과 일을 하다 보면 그들의 지능도 감성도 나보다 우월하게 느껴질 때가 있습니다. 하지만 한편으로는 그들의 지식만으로는 일을 완성하기에는 부족함이 느껴지기도 합니다. 데이터 분석에 탁월한 젊은 의사도 필요합니다. 하지만 환자의 입장이 되어 생각하면 청진기를 가슴과 배에 대고 손으로 맥을 짚는 나이 많은 의사가 안도감을 주기도 합니다.

인공지능(AI)이 의사를 대신해서 진단하고, 여명까지 선고하는 시대가 온다고 합니다. 시대가 변해도 의학 지식이 있는 젊은 의사보다는, 단지 의료 경험이 많은 것을 넘어서서 풍부한 인생의 경험이 있는 인간 의사(라는 말은 아직 없겠지만)가 제공하는 의료 서비스에 더욱 고마움을 느끼리라는 것은 변하지 않을 겁니다. 많은 사람이 나이를 먹음에 따라 기억력이 현저히 떨어지는 것을 두려워합니다. 그러나 이데아 인식에 접근하는 데 필요한 경험을 쌓기 위해서는 오히려 나이를 먹지 않으면 안 되는 것입니다.

무엇이 아름다운지 아름답지 않은지의 판단도 어렵지만, 무엇이 선이며 악인가 하는 판단은 더 어렵습니다. 현명함은 이런 판단을 적확하게 내릴 수 있게 하는데, 이 현명함은 지식의 양과는 연관성이 적습니다. 현명해지려면 지식보다 경험이 필요하다고 해도 과언이 아닙니다. 내가 생각하는 연장자의 역할은 젊은 사람들에게 지식보다는 지혜를 전승하는 것입니다.

문제는 젊은 사람을 대할 때 자기 쪽이 연상이고 인생 경험도 풍부하므로 뭐든지 알고 있다고 여기는 연장자가 있다는 겁니다. 그런 사람이 설사 선의로라도 설교 투의 화법을 쓴다면 젊은 사람이 반발할 여지는 충분합니다. 그런 화법은 자신은 옳다고 믿기 때문에 사용하는 것인데, 그렇게 생각한 순간 권력 투쟁은 시작됩니다.

무엇을 할 수 있는지 생각하기

> TV에서 정치 뉴스를 보고 있으면 화가 납니다. 부부가 같은 문제로 분노하는데요. 해소도 되지 않는 이 분노를 어디에다 풀어야 할까요?

정치 뉴스를 보고 있을 때 느끼는 분노는 부정에 대한 분노입니다. 정의에 비추어 잘못하고 있는 건 잘못하고 있다고 주장하는 일은 필요합니다. 그때의 감정은 이성적이고 '공분'이라고 말할 만한 것으로서 개인 간의 충동적이고 감정적인 '사분'으로서의 분노와는 다릅니다.

앞서 인용한 에픽테토스의 "자기 권내에 없는 것에 대해서는 묵묵히 참고 따를 수밖에 없다."라는 말처럼, 자기 능력으로는 어떻게 할 수 없는 것은 분명히 존재합니다. 그러나 실제로는 '권내'의 것을 '권외'라고 생각해서 아무것도 하지 않는 데서 악은 발생합니다.

할 수 있다면 젊은 사람들도 오늘 정치의 문제는 무엇인지 의견을 분명히 밝히기 바랍니다. 정치 문제 토론으로 대인관계를 해칠 가능성은 있습니다. 하지만 부정을 보고 분노를 느끼지 않는 것은 문제입니다.

"소비세가 인상돼도 하는 수 없죠. 할 수 있는 일은 협력하고 싶네요.", "배심원으로 선출된다면 당연히 일을 쉬어서라도 가겠습니다." 이런 식으로 생각하는 사람은, 작가 겸 정치 운동가 오다 마코토小田実의 말을 빌리자면 '당하는' 쪽이 아닌 '하는 쪽'에서 생각하는 사람입니다. 정치인은 아니므로 자기 일을 제치고 정부 시책이나 법률의 시비를 논할 것은 아니지만, 적어도 하나의 정책이 자신에게 어떤 영향을 미칠지를 생각해야 합니다.

부부가 같은 문제로 분노한다면 두 사람 다 '당하는 쪽'에서 생각하고 있는 겁니다.

> 평생 현역이라는 생각으로 일해왔지만, 이루지 못한 무언가에 관한 생각과 사회로의 환원, 공헌을 할 수 없었다는 생각이 떠나지 않습니다. 이래도 되는 것일까 생각하며 살아가고 있습

니다. 세계의 혼돈이 격심하고 전혀 남의 일만은 아니라고 느끼는 만큼 미약하고 모자란 능력을 통감하고 있습니다.

고무적인 것은 자신을 넘어 사회로 시선을 돌린 점입니다.
자기를 안전권에 놓고 생각하는 삶은 세상의 혼돈을 자기 문제로 인식하지 않습니다. 자기 문제로 인식할 수 있기에 비로소 자기는 무엇을 할 수 있는지 탐구하게 됩니다. 자기가 무엇을 할 수 있는지 탐구하기에 비로소 자신은 미약하고 능력이 부족하다고 느끼는 겁니다. 사회에 관심을 두고 있기 때문에 비로소 자기가 할 수 있는 것에 주목합니다.
비록 한 사람의 힘도 크다고 믿기 바랍니다. 한 사람의 힘이 세계를 움직이니까요.

결국은 각자가 감내해야 하는 것이 인생

오랜 세월 홀로 지낸 엄마가 심근경색으로 돌아가셨습니다. 요양 시설에는 절대 들어가고 싶지 않다고 엄마는 늘 말했는데, 나는 언젠가 들어가야 할 수도 있다고 말했습니다. 시설에 들어가지 않고 엄마는 세상을 떠났지만, 내가 지금 이렇게 혼자되고 보니 엄마에게 좀 더 다정할 수 있었는데 그러지 못한 것이 원망스럽습니다. 엄마는 외로웠을 테죠? 문득문득 후회됩니다.

간병은 후회만 남을 뿐이라고 해도 과언이 아닙니다. 그래도 항상 기억해야 할 것은 언제나 그때 할 수 있었던 최선의 선택지였을 거라는 생각입니다.

이와 같은 상황에 놓였을 때에는 현실적으로 가능한지 어떤지는 별개로 두고, 어머니의 말을 부정하지 말고 "시설에는 들어가고 싶지 않은 거네."라고 공감해주세요. 그러고 나서 어머니가 왜 그런 말을 했는지 이해하도록 노력합니다.

부모의 관점에서 생각할 때, 자식에게 무언가를 하고 싶다, 혹은 하고 싶지 않다고 말했는데, 일반적인 답변이 돌아온다면 실망스러울 겁니다. 중요한 것은, 실현 가능성이 있느냐 없느냐가 아니라, 부모 마음을 자식이 공감하고 있다는 걸 부모에게 알리는 겁니다.

나는 관상동맥 우회술을 받기로 한 전날, 의사로부터 수술을 받지 않는 선택지도 있다는 얘기를 듣고 놀랐습니다. 지금 시점에서도 그 선택지가 유효한 거냐고 물었더니, 의사는 "선생님의 몸이니까 선생님이 결정하면 됩니다."라고 단순하게 답변했습니다.

결과적으로는 수술을 받았는데, 수술의 의미에 대해서 다시 생각하게 되었습니다. 동시에 인생의 중대사를 결정할 때, 거절하면 타자가 어떻게 생각할지, 폐를 끼치게 되는 건 아닌지 하는 염려는 불필요하다는 것을 배웠습니다.

힘든 상황에서 부정적인 마음이 드는 것은 당연한 일

> 지난해 시어머니가 돌아가셨습니다. 집도 병원도 아닌 심야의 집 밖에서였습니다. 후련하다고 하면 지나친 말일까요? 생전의 시어머니 말씀과 행동으로 보면 딱 어울리는 죽음이었다고 생각합니다. 사람으로서 이런 감정이 들어도 되는 걸까요?

긴 세월 시어머니와의 관계를 생각했을 때 시어머니에 대해 부정적인 감정이 드는 것을 '악'이라고는 단언할 수 없습니다.

아마 누군가는 이 며느님이 도덕적으로 문제가 있으며 용서받을 수 없다고 비난할지도 모릅니다. 그러나 잘 맞지 않는 누군가와 오랜 시간 함께 지내다 보면, '그에게 딱 맞는 죽음'이었다고 악담하듯 말하지 않을 사람은 거의 없을 겁니다. 대부분 자신을 힘들게 한 사람에게 부정적인 감정을 갖습니다. 실제로 이런 경험을 한 적은 없어도 이 분의 입장이 되어보면 나도 그랬을지 모른다고 공감하는 이도 있을 겁니다. 저는 오히려 이런 부정적인 마음을 속이는 쪽이 문제라고 생각합니다. 비록 좋은 일이라고 말할 수는 없지만 말입니다.

저 역시 입원한 어머니를 보살필 때 매일 18시간씩 병상을 지켰기 때문에 체력 부족으로 힘들었습니다. 이런 상태로 있다간 내가 어머니보다 일찍 죽을 수도 있겠구나 싶었지요. 그 일주일 뒤 어머니는 돌아가셨습니다. 내가 그런 생각을 하지 않았더라면 어머니는 더 오래 살았을지도 모른다고 늘 후회했습니다.

물론 그런 제 생각과 어머니의 죽음과는 어떤 인과관계도 없습니다. 반대로 어머니의 죽음에 제가 한 생각이 영향을 미쳤을지 모른다고 생각했더라도 그런 후회마저도 그대로 받아들일 수밖에 없습니다.

마찬가지로, 며느님의 경우에도 자신이 시어머니였다면 며느리에게 어떻게 행동했을까, 시어머니처럼은 절대 안 했을 것이라고 단언할 수 있을까도 생각해봐야 합니다.

참는 게 능사는 아니다

남편과 결혼해서 수십 년이 지났는데, 수년 전부터 사고방식이나 흥미에서 차이가 나더니, 지금은 말도 섞기 싫을 만큼 스트레스를 느낍니다. 남편은 잘못해도 99퍼센트 부정하고 변명만 합니다. 마음에 들지 않으면 묻는 말에 들은 척도 하지 않습니다. 그러면서 자기 말은 싫대도 끝까지 듣게 합니다. 이렇게 사는 것도 얼마 남지 않았다며 두 눈 질끈 감고 남편 원하는 대로 맞춰주고 있지만, 때때로 피곤합니다. 앞으로 얼마나 더 참아야 할까요?

참지 않아도 됩니다. 남편의 태도에서 달라졌으면 하는 점이 있다면 말로 분명히 전달하면 됩니다.

변명하는 사람에게는 열등감이 있습니다. 상대의 말에 귀를 기울이면 자기 생각이 틀렸다는 것이 드러나게 되므로 말을 하려 하지 않습니다. 남편은 이미 두 말 할 필요 없이 자기가 틀렸다는 걸 알고 있습니다.

그렇다고는 해도 어느 쪽이 옳은지는 사실 알 수 없습니다. 절대로 내가 옳고 남편이 틀렸다는 생각은 멈추기 바랍니다. 대신 남편의 이야기를 들어보면 어떨까요? 이해하려고 노력하는 것이 상대의 행동을 수긍하는 것은 아니기 때문입니다.

왜 함께인데 행복할 수 없을까

불행이자 행복의 원천인 타자

초등학생 때였습니다. 사람은 언젠가는 죽고 지금 느끼는 것과 생각하는 것 모두 무無로 돌아가는 건 아닌지 생각이 들자 모든 게 허무해져서 살아갈 기력을 잃었던 적이 있습니다. 그일은 훗날 제가 철학을 공부하는 계기가 되었습니다. 사실 또한 가지 제 마음을 사로잡고 떨어지지 않는 큰 문제가 있었습니다.

'제가 이 세계에 존재하는 것은 확실한데 과연 타자도 저처럼이 세계에 존재하고 있는 걸까.' 이런 질문을 하기 시작한 겁니다. 이 문제가 예컨대 수학 문제라면 설령 당장 답을 못 구해도 시간을 들여 곰곰이 생각하면 됩니다. 답이 나오지 않아도 자기 인생에 영향이 있는 건 아닙니다.

하지만 타자는 가만히 있지 않습니다. 타자는 내 세계로 틈입합니다. 타자는 존재하는가 하지 않는가 하는 질문에 답을 찾든 못 찾든 내 앞길을 가로막습니다. 이 성가신 타자에 어떻게 대처할지 사고해야 합니다.

어린 시절에 누구나 한번은 경험한 적이 있을 겁니다. 자식이 하고자 하는 일에 부모는 거의, 반드시 반대합니다. 이런 경우 부모는 자식의 앞길을 방해하는 타자입니다. 자녀의 등교 문제까지 결정하는 부모도 있습니다. 입학, 결혼, 취직 등 인생 중대사일 때 더더욱 가만히 있지 못합니다.

부모 반대를 무릅쓰고 결혼할 만큼 사랑한 사람인데도 막상 같이 살다 보면 결혼하기 전과 전혀 딴판인 경우가 있습니다. 항상 의견일치가 되는 건 아니라서 하고자 하는 일에 상대가 앞길을 가로막고, 이것이 원인이 돼 부부싸움으로 확대되기까지 하니까요.

이런 것을 생각하면 아들러가 "모든 고민은 대인관계에서 비롯된다."라고 한 것은 지극히 당연합니다. 그러나 대인관계는 고민이나 불행의 원천이면서 동시에 삶의 기쁨과 행복의 원천이기도 합니다. 왜 오래 교제한 사람과 결혼할 결심을 할 수 있었을까요? 이 사람과 함께라면 분명 행복해지리라 확신하고 결혼을 단행한 것은 아닐까요? 결혼해도 행복해지지 않는다는 것을 알았다면 결혼할 생각은 하지 않았을 겁니다.

왜 행복해지지 않을까

사랑하는 사람과 결혼했다고 해서 저절로 행복이 얻어지는 건 아닙니다. 반면에 결혼뿐 아니라 대인관계가 원만해 보이는 사람, 인생도 술술 풀리는 듯 보이는 사람이 있습니다. 여기에는 선제조건이 필요합니다.

하나는 외적 조건입니다. 결혼에 직면해서 경제적으로 안정되어 있지 않으면 대개의 부모는 결혼을 반대합니다. 취직해서 돈을 벌어야 행복해진다고 믿습니다. 부모가 자식을 대학에 보내려는 것도 이런 이유에서 출발합니다. 자식도 대체로 그렇게 믿습니다. 따라서 지금은 괴로워도 참고 공부에 매진하자고 다독입니다.

하지만 조금이라도 인생 경험이 있는 사람이라면 이런 외적 조건을 갖춰도 행복해지지 않는다는 걸 압니다. 자식도 회사에 취직해보면 수험 공부의 고통은 그저 시작에 불과했다는 사실을 깨닫기까지 그리 오래 걸리지 않습니다.

또 하나의 다른 조건이 더 문제입니다. 인생을 함께할 상대는 내가 상상도 못한 일, 이를테면 속임수를 쓰거나 내 뜻에 반하는 일은 절대 하지 않을 것이라고 확신하는 겁니다. 결혼은 두 사람이 사랑해서 했기 때문에 상대는 내가 원하지 않는 일을 절대 하지 않을 거라고 맹신합니다.

부모 자식 관계라면 부모는 '나는 이 아이를 사랑해서 목숨

걸고 키웠다. 그러니 아이도 내 사랑에 보답하지 않을 리 없다'
고 생각합니다.

이 두 가지는 얼핏 관계가 없는 듯 보이지만 그렇지 않습니
다. 만약에 상대가 지금의 일을 그만두겠다고 했을 때 과연 그
결단을 지지할 수 있을지 생각해봐야 합니다.

내 기대는 충족되지 않는다

예전부터 남편에게 "당신 인생이니까 당신 인생을 살기 바
라."라고 말하던 아내가 있었습니다. 어느 날 남편이 회사에 사
표를 제출했습니다. 남편은 당연히 자신이 내린 결정을 아내가
지지해줄 것이라고 기대했습니다. 그런데 아내는 이렇게 말했
습니다. "당신이 이런 사람일 거라고는 생각도 못 했어."라고 말
이지요. 이 아내는 남편을 조건부로 사랑했을 뿐입니다. '나는
당신을 사랑할 거예요, 당신이 내 기대를 충족해주었을 때에 한
해서.' 이런 조건입니다. 이 아내의 오류는 남편이 아내의 기대
를 채워주기 위해 산다고 생각한 겁니다. 유감스럽게도 타자는
내 기대를 채워주기 위해 살지 않습니다.

자식이 어릴 때 부모는 아이 얼굴만 봐도 언제나 진심으로 웃
을 수 있습니다. 이윽고 아이가 말을 시작하고 혼자 일어서고 걷
기 시작하면 부모는 한시도 아이에게서 눈을 떼지 못합니다. 아

이는 눈에 보이는 대로 만지고 입에 넣고 던집니다. 물론 언제나 그런 것은 아니고 실제로는 하루 대부분을 평온하게 지냅니다. 그런데 부모를 곤란하게 하는 짓을 할 때만 아이에게 관심을 돌리기 때문에, 부모는 아이가 자신을 화나게 하는 존재라고 치부해버립니다. 그렇게 되면 전에는 무조건 귀여워했던 아이에게 짜증이 납니다. 그뿐 아니라, 분노를 느낍니다.

지배도 소유도 할 수 없는 타자

왜 이런 일이 생길까요? 부모는 자식을 소유하고 지배할 수 있다고 생각하기 때문입니다. 그렇게 생각하는 부모는 자식을 자기 이념에 맞춰 양육합니다. 그런데 조금이라도 자식을 키워본 적이 있는 사람이라면 이는 도저히 불가능한 일임을 알고 있을 겁니다. 자식은 자기 뜻대로 키울 수 없다는 진실을 깨닫는 데 걸리는 시간은 짧습니다. 자식은 '물건'이 아니라, 당연한 말이지만, 성인과 마찬가지로 자유 의지를 지니고 있으니까요.

자식은 지배도 소유도 할 수 없다는 진실을 재빨리 깨달은 부모는 그런대로 다행입니다. 문제는 언제까지나 자식은 자기가 말한 대로 행동할 것이라고 믿어 의심치 않는 부모입니다. 그런 부모는 자식이 성장해도 지배하려 합니다.

TV 방송에서 리포터가 "넌 누구의 아이야?"라고 세 살쯤 돼 보이는 아이에게 묻는 장면을 본 적이 있습니다. 아이는 잠시 생각한 후 이렇게 대답했습니다.

"엄마."

물론 이 대답은 틀렸습니다. 아이는 어머니의 소유가 아니기 때문입니다. 아이가 그렇게 대답한 것은 아마도 평소에 '넌 엄마의 아기'라는 말을 반복해서 들었기 때문일 겁니다.

부모는 '나'의 자식이 순종하면 대단한 만족감을 느낄 겁니다. 하지만 언제까지 자식을 소유할 수는 없습니다. 자식이 어리면 부모의 우격다짐이 통할 수는 있겠지만 그 효과는 영원하지 않습니다.

애초에 자식은 소유의 대상이 아닙니다. 자식이 어릴 때 부모는 자식을 소유할 수 있고 자기 뜻대로 할 수 있다고 여깁니다. 하지만, 그것은 아주 한시적일 뿐 실현 불가능한 일임을 이내 깨닫게 됩니다.

자식이 부모와 갈등하면 오히려 다행입니다. 문제는 부모에게 순종하는 자식입니다. 지배적인 부모가 키운 경우이지요. 부모에게 반항하면 큰일 나는 줄 아는 자식은 자기 인생을 살지 않습니다.

그런 경우 대놓고 부모에게 반항하지 않습니다. 자기만 불리한 일을 겪는다는 식으로 행동하거나 자기 몸을 아프게 해서 부모에게 반항합니다. 등교 거부, 마음의 병에 걸리는 식입니다.

내가 나를 위해 내 인생을 살지 않는다면 누가 나를 위해 살아줄 것인가, 라는 유대교 가르침이 있습니다. 자식에 국한된 이야기가 아닙니다. 타자는 누구도 내 기대를 만족시키려고 삶을 살지 않습니다.

나는 타자의 기대를 만족시키기 위해 인생을 살지 않는다고 주장한다면, 타자도 같은 주장을 할 수 있음을 인정해야 합니다.

어떤 타자도 내 마음대로 바꿀 수 없다

분노 감정은 타자를 자기 생각대로 움직일 수 있다고 믿었는데도 불구하고 타자가 그 뜻대로 따라주지 않았기 때문에 일어납니다. 자식이 어렸을 때는 자기 앞길을 가로막는 아이를 자기 생각대로 할 수 있었을 겁니다. 정확히 말하면 할 수 있었다고 믿었을 뿐이지만 말입니다. 자식이 성장하면 힘으로 누를 수 없습니다. 그도 그러한데 성인끼리의 관계에 이르면 우격다짐이 통하지 않습니다.

이런 때 방법이 없는 건 아닙니다. 타자는 내 기대를 만족시키기 위해 사는 것이 아니므로 타자에 대한 요구와 기대를 단념하는 방법이 그 하나입니다. 이 방법이 통하면 대부분 문제가 해결됩니다. 화를 낼 필요도 없어집니다.

하지만 만약 타자의 인생이 나에게 실질적인 폐를 끼친다면 그것에 대한 시정 요구는 할 수 있습니다. 내가 원하는 것, 원하지 않는 것을 말로 전달하면 됩니다. 물론 그 방법을 썼다고 해서 상대가 흔쾌히 받아들이고 행동을 바꾸리라는 보장은 없습니다. 자기 견해를 주장하지 않으면 타자와의 마찰을 피할 수 있습니다. 하지만 자기 견해를 타자에게 전하지 않으면 결국에는 대인관계를 망가뜨리는 결과를 초래합니다. 대인관계에서 마찰이 있더라도 자기 견해를 주장해야 합니다. 주장하지 않으면 상대에게 결단코 내 생각은 전달되지 않으며 대인관계를 개선할 수 없습니다.

다만, 이런 주장이 가능한 것은 타자의 행동이 실질적 민폐를 끼치는 경우로 한정됩니다. 자신의 취향과 다르다고 해서, 혹은 타자가 내 신념과는 다른 삶의 방식을 고수한다고 해서 그것을 변화시킬 수 없습니다.

> 자식 셋을 둔 엄마입니다. 셋 다 결혼 생각이 없습니다. 본인들 생각에 맡겨 놓고 있지만, 부모로서는 어서 가정을 꾸렸으면 하는 바람입니다.

많은 부모가 결혼하지 않는 자식 문제로 고민합니다. 자식이 전혀 결혼에 관심이 없어도 부모는 할 수 있는 게 없습니다.

자식이 결혼 의사가 있건 없건 그것이 부모 책임은 아닙니다.

왜 아닐까요?

　자식의 결혼은 자식의 과제입니다. 어떤 일의 최종 결과가 누구를 향해 있는지, 그 최종 책임이 누구에게 귀속하는지를 생각해보면 누구의 과제인지도 명확해집니다. 결혼을 하더라도 하지 않더라도 그 결과는 오직 자식을 향합니다. 부모를 향할 리 없습니다. 결혼 생활에 실패하더라도 책임은 자식이 질 수밖에 없습니다. 따라서 자식의 결혼에 부모는 참견할 수 없습니다.

　자식이 계속 미혼인 채로 있을까 봐 걱정하는 일은 부모의 과제입니다. 하지만 부모의 과제를 자식이 해결해줄 수는 없습니다. 말하자면 "네가 결혼하지 않아서 걱정이니 결혼해라."라고 강요할 수는 없다는 겁니다.

　결혼하지 않은 자식을 불효자라고 말할 수 없습니다. 언젠가 알츠하이머성 치매를 앓던 아버지가 "대체 넌 언제 결혼할 생각이니?"라고 물은 적이 있습니다. 그때 저는 이미 결혼해서 아이도 있었기 때문에, 아버지의 느닷없는 질문에 놀랐습니다.

　왜 그런 걸 물었냐고 아버지에게 묻자 "나는 네가 결혼하기 전에는 죽을 수 없다."라고 합니다. 이미 결혼해서 어언 30년이 되었다고 말하면 아버지가 당장 돌아가시는 건 아닌지 걱정되는 마음에 말을 삼켰습니다. 부모는 자신이 건강해야 한다고 생각하는 동안에는 건강합니다. 이 아이는 내가 없어도 된다고 생각한 순간 부모는 급속도로 늙어갑니다. 자식이 과연 이런 생각으로 미혼을 고집하는지는 알 수 없지만, 이 세상에 집착이 있으면 좀처럼 죽지 못합니다.

이제까지 생각해온 바를 토대로 자식의 결혼에 대해 어떻게 대처하면 좋을지 이해했을 겁니다. 자식은 절대 부모의 기대를 채우기 위해 살지 않습니다. 일찌감치 손자를 안아보고 싶다고 요구한들 자식은 곤혹스러울 뿐입니다.

> 아들이 8월에 결혼합니다. 며느리와 좋은 고부 사이로 지내고 싶습니다. 함께 살게 되어 조금 불안한데, 조언 부탁드립니다.

자식들 결혼 생활에 대해 일절 참견하지 않는 것이 현명합니다. 며느리 될 사람은 분명 좋은 사람일 겁니다. 그런 사람과 결혼하는 사람은 아들이므로 결혼 상대에 대해 뭔가 불만족스러운 면이 있어도 말하면 안 됩니다. 아들 부부와 한 집에서 살게 되었을 때, 개선을 요구해도 되는 부분은 실질적인 민폐에 관한 것뿐입니다. 혹시라도 있다면, 허심탄회하게 대화할 필요가 있습니다.

> 며느리는 일을 좋아하고 집안일은 전부 아들이 하고 있습니다. 이럴 수가!

두 사람의 생활방식이 부모의 이해 범위를 초월해도 참견하면 안 됩니다. 저는 학교 졸업도 하기 전에 결혼해서 일자리가 없었고 생활비는 전적으로 아내에게 의지했습니다. 이런 상황을 아버지는 이해하지 못했습니다. 해마다 봄이면 아버지는 전화했습니다. 취직은 결정됐는지, 급료는 누가 더 많은지 궁금해했습니다. 취직하지 않는 내게 급료가 있을 수 없고 아내가 출근하면 아이들을 어린이집에 데려가고 데려오는 게 제 일이었습니다. 아버지가 불만을 품어도 우리는 아버지 기대를 충족하기 위해 생활을 바꿀 수 없었고 그럴 필요도 없었습니다.

부모가 간섭하지 않아도 자식들은 자기 과제를 해결할 능력이 있다고 믿기 바랍니다.

타자의 도움 없이 살아낼 수 없는 것이 인생

타자와 관계 맺기

타자는 자주 우리의 앞길을 가로막습니다. 우리가 하는 일에 늘상 반대하고 의견을 내는 족족 감정적으로 부딪칩니다. 어린 시절 부모의 말에 순종해야 했거나, 사사건건 부모의 반대에 직면했던 경험이 있는 사람은 자신이 부모가 되면 절대로 자기 부모처럼 되지 말자고 결심했을 겁니다. 그랬던 사람이 부모가 되면 자기 부모가 했던 말과 행동 그대로를 답습합니다.

부모 자식 관계가 아니더라도 타자와 관계되면 어떤 형태로든 마찰이 일어납니다. 타인이 자기 영역에 흙발로 짓밟고 들어옵니다. 자신은 그런 행위는 안 하겠다고 다짐해도 처지가 바뀌면 관용은 사라지고 타자의 생각이나 생활방식에 참견하게 됩니다.

그래서 이런 상황이 발생하지 않도록 타자는 내 기대를 충족해 주기 위해 사는 건 아니라는 것, 타자는 지배 대상도 소유 대상도 될 수 없다는 것을 확실히 인식할 필요가 있음을 앞에서 살펴보았습니다.

그런데 대인관계에 있어서 타자는 부정적으로만 개입하는 것이 아닙니다. 타자와의 관계를 통해 나를 발견하고, 타자로 인해 내가 살아있게 되는 긍정적인 측면도 있습니다.

타자와의 긍정적인 면에 대해서 이해하려면 세 가지를 알아야 합니다.

타자로서의 타자

우선, 타자는 내 세계에 있는 '그림자' 같은 존재도, '사물'도 아닙니다.

문득 시선을 느끼고 눈을 들자 사람이 아닌 마네킹이 있었다고 합시다. 사람이 아니니까 부끄러움을 느낄 필요가 없습니다. 마네킹과 타자의 시선에는 어떤 차이가 있을까요? 타자 속에서는 나와 똑같은 주관성을 보게 됩니다. 즉 타자는 거울처럼 단지 외부 세계를 비추는 데 그치지 않고 비춘 것을 받아들여 해석하고 느끼고 생각하는 존재입니다. 그런 타자가 보고 있다고 생각하니까 부끄러운 겁니다. 나는 그때 '타자의 타자'가 됩니다.

철학자 하타노 세이이치波多野精一는 '인격'의 성립에 관해서 다음과 같이 말합니다.

> 창가에 서서 거리를 지나는 사람을 바라본다고 하자. 그때 눈에 비친 사람은 '사람'이라고 부르지만 엄밀하게 말하면 '사람'이 아니라 '사물'이다.
>
> 그런데 그 가운데 한 사람이 멈추어 서서 돌아본다. 그가 말을 한다. 그 사람은 내 친구였다. 그와 대화를 나눈다. 이때 '인격'이 성립하는 것이다.[19]

상대역으로서의 타자

타자는 '상대역'으로서 존재합니다.

사람은 혼자서 살지 않습니다. 한 사람의 말과 행동은 이른바 진공 속에서 행해지는 것이 아니라, 그 말과 행동이 향하는 '상대역'이 있습니다.[20]

사람의 행위를 사물의 운동과 구별하는 것은 목적의 유무입니다. 행위에는 목적이 있고 타자와의 관계 속에서는 대인관계를 맺기 위한 목적을 지닙니다.

이 목적은 사람에 따라 다르고 누가 상대역인가에 따라서도 다르므로 누구 앞에서도 말과 행동이 완전하게 같아질 수 없습니다.

동료로서의 타자

세 번째로 타자를 어떻게 보느냐에 따라 말과 행동이 달라진 다는 점입니다. 아들러는 다음과 같이 말합니다.

> 개인은 단지 사회적인(대인관계적인) 문맥에서만 개인이다.[21]

사람은 혼자서 살지 않고 '사람 사이'에서 살아갑니다. 혼자 서는 '인간'이 될 수 없습니다. 그는 또 이렇게 말합니다.

> 우리 주변에는 타자가 존재한다. 그리고 우리는 타자와 연결 되어 살고 있다.[22]

이 말은 너무나 당연해 보이고, 앞의 인용과도 동어반복처럼 보입니다. 그러나 이 말이야말로 대인관계 본연의 의미를 말하 고 있습니다.

타자는 내 세계로 틈입해서 앞길을 가로막는 존재라고 여기 는 사람에게 타자는 나와 연결돼 있지 않고 대립하며 적대하는 존재입니다. 그럼에도 불구하고 아들러가 "우리는 타자와 연결 되어 살고 있다."라고 했을 때, 그는 사람과 사람은 대립해 있지 않고 연결되어 있으며, 바로 그것이 인간 본연의 모습이라고 생 각한 겁니다.

앞에서 아들러의 말을 빌려 '기쁨은 사람과 사람을 연결하는 감정이고 웃음은 그 요석'이라고 말한 바 있습니다. 누군가가 웃으면 그 사람의 기쁨은 주변 사람에게 전염됩니다. 그때 그 자리에 함께 있던 모두가 일체가 되었다고 느낍니다. 물론 곤란한 상황에 있을 때에는 그 곤란을 극복하기 위해 진지해져야 합니다. 그러나 그렇지 않은 상황에서는 심각해진들 어떤 해결에도 도움이 되지 않습니다. 일체감은 협력하여 문제를 해결로 이끄는 원동력입니다.

독일어에 '미트멘센mitmenschen'이라는 단어가 있습니다. 아들러가 그의 저서에서 쓴 이 말을 나는 '동료'라고 번역했는데, 이는 '사람(Menschen)'과 사람이 '연결되어 있다(mit)'는 의미입니다.

실제로 타자를 적으로 보는 사람이 많습니다. 다른 사람은 틈만 있으면 자신을 계략에 빠뜨릴지 모를 무서운 사람이라고 간주하는 겁니다. 이쪽은 독일어로 '게겐멘센gegenmenschen'이라고 합니다. 사람과 사람이 '대립하고 있다(gegen)'는 '적'이라는 의미입니다.

문제는 다른 사람을 적으로 간주해버리면 다른 사람에게 협력할 생각을 안 하게 된다는 점입니다. 혼자서 살 수 없는 것은 갓난아기의 경우에만 국한되지 않습니다. 누구나 질병에 걸리거나 나이를 먹음으로써 이제까지 할 수 있었던 일이 갑자기, 혹은 조금씩 불가능해집니다. 이때 도움을 주고받는 협력의 필요성이 요구됩니다. 그러기 위해서는 사람과 사람이 연결되어 있다는 의미에서 타자를 동료라고 생각하지 않으면 안 됩니다.

이런 인식을 가진 사람은 자국이나 세계 각지에서 일어나는 불행한 사건도 강 건너 불 보듯 방관하지 않고 자기 문제로 인식합니다.

삶의 희망이 되는 타자

사람은 타자와 유대를 맺고 살아가면서 타자로부터 삶의 희망을 얻게 됩니다.

심근경색으로 입원했을 때, 직장을 잃은 앞으로의 미래를 생각하자 남는 건 절망뿐이었습니다. 그때 내게 삶의 희망을 준 것은 가족이나 병문안 온 친구, 의사, 간호사였습니다.

당시 비상근 강사를 하던 한 학교는 저를 당장 해고했습니다. 다음 주에 출강할 수 없는 강사의 복귀를 기다릴 수 없다고 판단했을 겁니다. 고마운 일도 있었는데, 비상근 강사를 하던 또 다른 학교에서는 해고되지 않은 일입니다. 몸을 움직일 수 있게 되자 병원 내 공중전화로 학교에 전화했더니 학교 관계자는 내게 "컨디션이 어떻든 상관없으니 반드시 돌아오기 바란다."라고 말했습니다. 이 사람은 내게 삶의 희망을 주었습니다. 4월에 입원해서 한 달 만에 퇴원했고 6월에 다시 교단에 섰습니다.

질병 같은 비일상적 경험이 아닌 평소 생활에서도 사람은 자기만으로 완결된 존재는 아닙니다. 어린아이들은 부모의 지원이 없으면 살아갈 수 없는데, 그렇다고 해서 단지 지원을 받기만 하는 존재가 아니라 주위 사람에게 무언가를 주는 존재이기도 합니다. 무엇을 줄까요? 삶의 희망과 행복을 줍니다. 치매를 앓던 아버지가 요양 시설에서 지낼 때, 아버지는 가끔 시설을 방문하는 근처 유치원 아이들을 보고 싱글벙글 좋아했습니다. 아이들이 아버지에게 생명력을 불어넣었던 겁니다.

사람은 혼자서는 '인간'이 될 수 없습니다. '타자와 나는 연결되어 있다', 즉 '타자는 동료'라고 생각하는 것이 나를 살리는 길이며, 그런 의미에서 타자는 나를 살립니다.

고독은 관계의 당연한 일부

> 혼자 사는 삶에 익숙해졌지만, 때때로 고독감이 엄습합니다. 뭔가 대처법이 있다면 가르쳐주세요.

심근경색으로 쓰러져 구급차에 실렸을 때, 저는 죽음이 두렵기보다 사람이 이렇게 어이없이 죽을 수도 있구나 싶어 놀랐습니다. 혼자서 맞는 죽음이 정말 쓸쓸해서 깊은 고독감이 엄습했습니다. 아버지는 언젠가 "아무리 생각해도 앞으로 남은 인생이 짧구나."라고 탄식한 적이 있습니다. 아버지는 그때 고독했습니다. 그 마음을 이제는 압니다.

고독감은, 안 됐지만, 어떻게 할 방법이 없습니다. 일단, 이 감정이 일어나면 억누르기 어렵습니다. 하늘에 떠가는 구름을 올려다볼 때처럼 흘려보내는 수밖에 없습니다. 구름을 잡아서 없앨 수는 없습니다. 하지만 구름은 언젠가 사라지고 반드시, 다시, 파랗게 갠 하늘은 돌아옵니다.

그렇다면 왜 고독할까요? 사람이 서로 연결되어 있기 때문입니다. 혼자서 산다면 고독을 느낄 일이 없습니다. 타자와의 연결을 의식할 때 더욱 고독해집니다. 가족이나 친척, 오랜 인생의 동반자였던 배우자와 사별했을 때 누구나 상실감을 느낍니다. 사별한 사람은 자신의 일부였습니다. 유대관계 속에 있던 사람이 죽으면 자기 인격의 일부가 사라져 없어진 듯 느껴지기 때문이니까요. 이 상실감은 오래 갑니다. 그래도 마침내 상실감은 서서히 사라져갑니다. 죽은 자를 잊고 지내는 자신을 깨닫는 날이 옵니다.

늘 잊지 않고 늘 가까이 느끼며 사는 사람도 있습니다. 죽은 사람은 이미 지각적으로 알 수 없습니다. 몸을 만지거나 모습을 보거나 목소리를 듣지 못합니다. 하지만 멀리 떨어져 사는 가족이나 친구는 생각날 때마다 그 존재를 생생하게 느낄 수 있습니다. 물론, 죽은 자와는 두 번 다시 만날 수 없습니다. 그러나 그를 떠올릴 때의 기분은 산 사람을 떠올릴 때와 다르지 않습니다.

손자와 즐겁게 시간을 보내다가도 앞으로 도대체 얼마나 더 살 수 있을 것이며, 손자가 커가는 걸 언제까지 지켜볼 수 있을까 문득 생각하곤 합니다. 대처법이 있다면 과거도 미래도 분리하고 오직 오늘이라는 하루를 성심껏 사는 겁니다. 앞일은 누구도 모르는 것이라고 한다면, 그래서 더욱 오늘을 살아야 합니다.

죽은 자를 떠올리는 시점은 '지금'입니다. 돌이켜보면 후회할 일도 있을 테지만, 지금은 노력하고 함께 보낸 날들의 그리운 추억을 떠올리기 바랍니다.

> 동갑인 남편과 나는 다투기도 하면서 건강하게 살고 있습니다. 어느 한쪽이 먼저 죽어서 혼자 되어 쓸쓸하게 지낼 걸 생각하면 괴롭습니다. 밤잠을 설치기도 합니다.

불안한 미래를 생각하지 않아도 됩니다. 앞에서도 말했듯이 지금 두 사람의 유대관계가 깊은 까닭에 혼자 되었을 때 밀려올 쓸쓸함이 미리 걱정되는 것입니다. 앞일을 생각하고 불안해해도 혼자가 되는 날은 반드시 옵니다. 그러나 그날이 언제일지는 아무도 모릅니다. 그렇다면 더더욱 지금을 충실하게 사는 수밖에 없습니다. 뭔가 특별한 걸 하지 않아도 평온하게 살아갈 방법만을 생각하기 바랍니다.

남에게 의지하기

물건이나 사람에게 집착하지도, 남에게 의지하지도 말자
는 마음가짐으로 생활합니다. 하지만 혼자서는 살아갈 수 없습
니다. 5인 가족인데 작은 부탁도, 기대도, 의지도 하지 않습니다.
이렇게 살면 가족 간에 큰 충돌은 일어나지 않습니다. 스스로 할
수 있는 일은 되도록 자기가 하자는 주의입니다.

남에게 기대면 그 기대에 부응하지 못했을 때 크든 작든 실망
합니다. 그렇게 본다면 혼자서 할 수 있는 일을 타인에게 기대지
말자는 생활방식은 타당합니다. 분명 혼자서는 살아갈 수 없고
지금은 혼자서 할 수 있는 일도 언젠가는 할 수 없게 되는 날이
옵니다.

혼자서 할 수 없는 일을 남에게 기대는 건 결코 폐가 되는 일
이 아닙니다. 부모님을 간호한 경험에서 말하자면, 할 수 없는
것을 할 수 없다고 말해주는 사람을 가족은 고마워합니다. 예전
에 부모의 지원을 받고 성장한 자식이 이번에는 부모를 지원하
는 것뿐입니다. 이는 부모이니까 당연하다는 의미는 아닙니다.
자력으로는 아무것도 할 수 없어 부모의 부단한 지원이 필요한
자식을 키우는 일이 부모에게 한낱 고통이었을 수는 없습니다.
공헌감이 있었을 것이고, 자식이 주는 행복으로 일상의 고통을

치유했을 겁니다. 이제는 자력으로 할 수 없게 된 것이 많아진 부모지만, 자식은 그 부모를 간호하면서 부모로부터 행복감을 얻을 수도 있습니다.

> 양아버지께서 가사도우미, 특히 가까이 사는 며느리 도움을 받지 않으려 합니다. '혼자서 할 수 있다', '누구에게도 폐가 되고 싶지 않다'며 거절합니다. 어떡하면 좋을지 고민입니다.

자존심이 강한 사람은 타인에게 받는 보살핌을 떳떳하게 여기지 않으므로 자존심에 상처를 주는 말은 하지 않도록 해야 합니다. 아버지가 화장실까지 채 가지도 못해서 바지에 소변을 적시게 되었을 때 "요강을 쓰면 좋지 않을까요?"라고 했더니 아버지는 버럭 화를 냈습니다. 아버지 자신도 난감했을 상황에 기름을 부은 셈이니까요. '방법을 함께 고민했더라면 좋았을걸' 하고 생각합니다. 실제로는 도움이 필요한데도 도움을 거부하는 아버지를 원망하기 전에 '다칠까 봐 염려하고 있다'라는 마음을 먼저 전해보라고 조언하고 싶습니다.

> 근처에 살고 있는 부모님 간병이 걱정입니다. 여동생과 교대로 부모님 집에 다녀오는데, 직장이 있는 저는 내 시간을 내지 못할 때도 있어서 마음이 불편합니다. 그런 때의 마음가짐에 관

해 알고 싶습니다.

___

간병받는 사람이 자신은 성가신 존재라고 여기지 않는 것이 중요합니다. 간병하는 사람도 부모님이 고마워하리라는 생각은 접고, 하루를 함께 지낼 수 있어서 고맙다는 생각을 할 수 있게 되면 관계의 본질이 달라질 겁니다.

자기 시간을 갖지 못하게 된 점에 대해 조언하자면 자식에게만 의존하는 간호는 한계가 있다는 것입니다. 데이케어 센터 등의 시설 이용을 권합니다. 또한 부모님을 돌보는 시간에 '내가 지금 이걸 할 때가 아닌데' 같은 마음이 들기 시작하면 짜증이 쌓입니다. 부모님과 있을 때는 그 시간에 집중하기 바랍니다.

저는 퇴원 후 완전히 일에 복귀하지 못한 상황에서 아버지 간호를 시작하게 되었습니다. 건강이 조금 회복된 듯하여 일을 늘리려고 계획하던 중에 다시 주저앉게 된 셈이지요. 하지만 인생의 수레바퀴 덕분에 만년의 아버지와 이처럼 매일 함께 보낼 수 있게 되었으니 오히려 고마운 생각이 들었습니다. 처음부터 그렇게 생각한 건 아니었지만, 아버지는 제 인생의 앞길을 가로막는 존재는 아니었습니다. 아버지로 인해 살았다고, 지금은 느낍니다.

5장

내일 피어나는 꽃이 될지는
오늘 내가 결정하는 것

변화를 겁내지 않는다

만물은 돌고 돈다

　일본 헤이안 시대의 작가 가모노 초메이鴨長明가 쓴 수필《방장기方丈記》는,

> 강물은 끊임없이 흐르지만, 본래 흐르던 물이 아니다. 웅덩이에 부유하는 물거품은 한쪽에서는 사라지고, 또 한쪽에서는 생겨나고, 오랫동안 머문 예가 없다.

　라는 문장으로 시작하는데, 저는 이 글을 읽으면 고대 그리스 철학자 헤라클레이토스가 "같은 강에는 두 번 들어가지 못한다."라고 한 말이 떠오릅니다. 헤라클레이토스는 또 "만물은 유전(流轉)한다."라고도 말합니다. 강은 끊임없이 흘러갑니다. 같

은 강에 들어간 듯하지만, 강도 사람도 전과는 다릅니다. 사람도 주위의 세계도 이처럼 끊임없이 변화하며, 같은 모습으로 계속 존재하는 것은 결코 아닙니다.

때로 너무나 평온해서 변화를 알아채지 못할 때도 있습니다. 그만큼 일상이 안온한 건 고마운 일입니다. 그러나 기나긴 인생, 순풍에 돛 단 듯 평온한 날만 있는 건 아닙니다. 당연히 올 것이라고 믿는 좋은 날이 과연 오기나 할까 의심될 만큼 절망할 때도 있습니다. 그러나 그때에도 돌이켜보면 지금까지 살아올 수 있었던 것이 역시나 감사하게 느껴질 겁니다.

변화를 어떻게 받아들일까

설령 움직이지 않고 그대로 있으려 해도 주변 세계가 바뀌면 나도 변할 수밖에 없습니다. 어떤 사람은 이런 세계의 변화를 두려워하고 변화에 저항합니다.

맏이로 태어난 사람은 대부분 변화를 원하지 않습니다. 그는 태어나 한동안은 부모의 애정, 주변의 주목과 관심을 독차지하고 왕자, 공주처럼 모두가 떠받드는 소중한 존재였습니다. 그런데 어느 날, 부모가 곧 있으면 동생이 태어날 거라는 말을 합니다.

부모는 당연히 "여태까지 그랬듯이 너는 소중해."라고 말하지만, 동생이 태어나자 이미 예전의 부모가 아니라는 것을 많이는 금세 깨닫습니다. 부모로부터 "오늘부터 네가 할 수 있는 일은 네가 직접 하는 거야."라는 선언도 듣게 됩니다. 이리하여 경쟁자 출현과 동시에 왕좌에서 밀려납니다.

이런 경험을 한 사람에게 변화는 언제나 나쁜 방향으로의 전환을 의미합니다. 그래서 대체로 보수적이고 변화를 두려워하는 사람이 됩니다. 그러나 경쟁자가 출현함으로써 처우가 달라졌다고 해서 모든 이가 이를 부정적으로 여기는 건 아닙니다. 부모의 과잉 관심에서 벗어나 후련한 사람도 있습니다. 이런 사람에게 동생은 경쟁자가 아닙니다. 경쟁자가 아니라서 경쟁하려고도 하지 않습니다.

이처럼 주변에서 일어난 변화에 어떤 식으로든 판단을 내리는 것은 하나의 의미 부여 방법이기는 하나 유일하고도 절대적인 판단은 아닙니다.

다시 말해, 단지 상황이 바뀌었을 뿐이고 그것에 관해 '좋다', 혹은 '나쁘다'는 의미를 부여할 필요는 없다는 겁니다. 단지 변화한 사실을 받아들이면 됩니다.

그러나 늙음과 질병에 대해서만큼은 가볍게 접근하기가 어렵습니다. 특히나 질병으로 갑자기 신체 움직임이 부자연스러워지게 되면 더욱 이에 적응하기가 쉽지 않습니다.

삶은 진화하는가

아들러는 그의 저서 《심리학이란 무엇인가What Life Could Mean to You》에서 이렇게 말했습니다.

모든 사람에게 동기를 부여하고, 우리가 우리 문화에 이르게 하는 모든 공헌의 원천은 우월성 추구이다.

갓 태어난 아기는 자력으로는 아무것도 못합니다. 부모를 비롯한 주변 어른의 손을 빌리지 않으면 한시도 살아갈 수 없습니다. 사람은 이런 무력한 상태에서 벗어나고 싶어합니다. 이것이 행동의 동기가 되고 문화에 대한 공헌을 가능케 합니다. 아들러는 더 훌륭해지려는 인간의 욕망을 '우월성 추구'라고 했습니다. 문제는 이어서 아들러가 다음과 같이 말하고 있다는 점입니다.

인간 생활 전체는 이 활동의 굵은 선을 따라 즉, 하에서 상으로, 마이너스에서 플러스로, 패배에서 승리로 진행한다.

더해서 아들러는 인생은 목표를 향해서 움직이고 그 결과로 "삶은 진화하는 것이다."라고 말합니다. 이에 대해 제가 동의하기 어려운 지점은, 아들러의 말대로 인간 생활이 '하', '마이너스', '패배'에서 '상', '플러스', '승리'로 진화하는 것이라면, 훌륭

해지고자 노력하는 모든 사람이 현재 '하', '마이너스', '패배' 상
태에 있다는 뜻이기 때문입니다.

철학자 쓰루미 슌스케鶴見俊輔는 의사가 환자의 상태에 따라
태도를 달리해서는 안 된다고 강조하며 다음과 같이 말합니다.

　　환자를 병에 걸렸다는 가장 낮은 레벨로 간주하지 않는다.
　　환자가 되었다고 해서 그 사람이 높은 레벨일 때의 태도를 기
　　억에서 지우지 않는 것이 중요하다.[23]

질병에 걸리기 전과 후 그 사람을 대하는 말투에 변화를 주지
않는 것은 당연하다고 생각합니다. 치매를 앓던 아버지에게 간
호사가 아이에게 하듯 "훌륭해요."라고 칭찬하는 말을 듣고 놀
란 적이 있습니다. 단지 몸을 닦을 때 얌전하게 있었을 뿐인데
말입니다. 아버지가 치매가 아니라 정신이 좋았다면 간호사는
절대 그런 투로 말하지 않았을 겁니다.

문제가 되는 것은 쓰루미가 '병에 걸렸다는 가장 낮은 레벨'
이라고 한 부분입니다. 병에 걸렸을 때 사람은 '가장 낮은 레벨'
에 있는 건 아닙니다. 질병을 그런 관점으로 보는 이유는 무언가
할 수 있는 생산성에 가치를 두고 판단하기 때문입니다. 그렇다
고 한다면, 건강한 상태가 플러스, 병에 걸려서 아무것도 할 수
없는 상태가 마이너스라는 말이 됩니다. 병에 걸리면 건강을 욕

망합니다. 건강해지기 위해 치료받고, 약 먹고, 재활 치료에 매진합니다. 그것을 아들러는 우월성 추구라고 했는데, 여기에는 두 가지 문제가 있습니다.

하나는 치료 목표가 마이너스에서 플러스로의 이행이라면 지금의 질병 상태는 마이너스인 것이 됩니다. 다른 하나는 회복을 기대하기 어려운 질병은 일반 치료건 재활 치료건 무의미하다는 겁니다. 그러나 병에 걸린 상태가 '하', '마이너스', '패배'는 아닙니다. 단지 '상태'일 뿐, 건강할 때와 비교해서 열등하지 않습니다. 질병을 마이너스로 보는 것은 뭔가 할 수 있는 것은 플러스, 할 수 없는 것은 마이너스라고 간주하기 때문인데, '아무것도 할 수 없음'이 '가치 없음'을 의미하는 게 아니듯 질병 상태도 마이너스는 아닙니다.

젊었을 때를 플러스로 보면 늙은 지금은 마이너스가 됩니다. 아버지에게 "훌륭해요."라고 말한 간호사에게 젊은 시절 어머니와 아버지가 함께 찍은 사진을 보여주었습니다. 그 사진을 다른 간호사에게도 보인 적이 있는데, '잘생긴' 아버지의 모습을 보자, 한결같이 하는 말이 나랑 닮지 않았다는 겁니다.

어쨌든 아버지 사진을 보인 것은, 아버지가 지금은 늙고 약하지만, 과거에는 젊고 건강할 때가 있었다는 걸 주지시키려는 목적에서가 아니었습니다. 지금, 눈앞에 있는 아버지에게는 이른바 역사가 있고 젊었을 때부터 지금에 이르기까지 그 시기마다 최선이었다는 것을 알리려는 의도였습니다. 여기 이 순간만을 인생의 다른 시기와 따로 떼어서 지금이 마이너스, 낮은 레벨로는 보지 않기를 바랐던 겁니다.

나와 타자가 보내는 신호에 민감해지기

앞에서 보았듯이 늙음도 질병도 단지 변화일 뿐입니다. 그것에 좋고 나쁨의 의미 부여를 하지 않으면 늙음도 질병도 두려울 것이 없습니다.

그렇다고 신체를 걱정하지 않아도 된다는 말은 아닙니다.

아버지는 젊은 시절부터 건강 이상을 호소하며 자주 병원을 찾았는데, 오히려 늘 건강하던 어머니가 49세에 돌연 뇌경색으로 쓰러졌습니다. 갑자기 병이 찾아온 듯 보여도 실은 징후가 있었습니다. 어머니는 가끔 심한 두통으로 몸져누울 때가 많았습니다. 그런데도 어머니는 흔한 갱년기 장애일 뿐이라며 진찰을 거부했습니다. 건강하다고 믿었지만 실제로는 알아차리지 못했을 뿐이거나 혹은 알아차렸어도 큰 병의 징후라는 걸 인정하지 않아서 생긴 결과입니다. 걱정하기 훨씬 전부터 몸은 신호를 보내고 있었는데, 무시했던 겁니다.

일찌감치 그 신호를 감지했더라면 좋았을 테지만, 문제는 늦게 알아차린다는 데 있습니다. 여기에는 두 가지 이유가 있습니다.

하나는 몸이 보내는 신호보다 '먼저' 그 신호를 자각하는 건 불가능하기 때문입니다. 문득 누군가의 시선을 느끼고 눈을 들었을 때, 눈이 마주친 것은 실은 상대방이 먼저 나를 보고 있었기 때문이듯, 몸이 보내는 신호를 알아챘을 때는 이미 병이 침입한 상태였습니다. 몸은 전부터 계속해서 신호를 보내고 있었지만, 알아차리지 못했던 겁니다.

자각이 늦어지는 또 다른 이유는 몸이 보내는 호소를 무시하고 싶기 때문입니다. 왜 무시하고 싶은 걸까요? 죽을병일지도 모른다는 두려움 때문입니다. 어머니가 두통을 갱년기 장해 증상이라고 우긴 것처럼 대수롭지 않은 신호로 해석을 바꿔치기 해서 의사의 진찰을 피하고자 한 겁니다. 또 늙음이나 질병을 자각하는 것은 자신의 쇠약을 인정하는 것이며 그것은 패배라고 여기는 인식도 다른 한 가지 요인입니다. 늙음, 질병은 변화입니다. 플러스에서 마이너스로 변하는 것이 아니므로 몸이 보내는 신호를 무시하려 하지 않아도 됩니다.

부모의 늙음이나 질병도 마찬가지입니다. 자식은 부모가 언제까지라도 젊고 건강하다고 믿고 싶습니다. 부모가 쇠약해졌다고 여기고 대수롭지 않게 여기면 부모의 질병을 늦게 감지하게 됩니다.

현재 난소암 수술 후 항암제 치료를 받고 있습니다. 병에 걸린 후 다른 사람의 아픔을 공감할 수 있게 되었다고 생각합니다. 목숨이 붙어 있는 한 긍정적으로 살자고 다짐합니다.

병에 걸린 일의 좋은 점을 생각하기란 좀처럼 조심스러운 일입니다만, 자신이 병에 걸렸을 때 마냥 절망적으로만 생각할 수도 없는 노릇입니다. 병이 들어 약해지면 건강할 때는 없었던 타자에 대한 공감 능력이 생깁니다. 질병을 계기로 자신의 나약함을 실감하게 되고 다른 사람의 아픔을 알게 된다면 이 또한 새로운 깨달음일 수 있습니다.

❝
나름 나이도 들고 경험도 있고 해서 조금씩 단념하는 것도 배우면서 애면글면하지 않고 살아가는 중입니다. 즐겁네요.

나이를 먹으면 할 수 없게 되는 것이 늘어나지만 이를 마냥 마이너스 상태라고 볼 순 없습니다. 할 수 있는 것과 할 수 없는 것을 '명확하게 판단하는' 것이 '단념'입니다.

❝
인간관계로 고민하고 있습니다. 최근까지 별일 없이 잘 지낸 상대가 언제부턴가 저를 모르는 척합니다. 무엇이 원인일까, 나의 어디가 마음에 들지 않은 걸까, 어디서부터 잘못된 걸까 고민하고 자책했습니다. 그래봤자 소용없어서 저도 무시하기로 했

습니다. 이제부터는 어떤 일에도 동요하지 않는 큰 사람이 되자
고 결심했습니다.

지난해부터 사람들로부터 연락이 끊어졌습니다. 문자를
보내도 답신이 없습니다. 도대체 제가 어떤 잘못을 했길래 이러
는지 우울합니다. 지금 잘 지내고 있는 사람들과도 언젠가는 사
이가 틀어지지나 않을까 불안하고 걱정됩니다.

몸이 변하듯이, 사람과의 관계도 언제든 변할 수 있습니다.
사람이 떠나갈 때 이유 같은 건 없습니다. 단지 떠났을 뿐입니
다. 내게 원인이 있었던 건 아닌지 자책감에 시달려도 떠난 사람
은 돌아오지 않습니다. 지금 잘 지내고 있는 사람과의 관계를 소
중히 가꾸어나가는 것이 중요합니다.

너그러운 마음으로 살자

준비되지 않은 미래에 대한 불안

노후 자금으로 얼마가 필요하다는 말이 심심치 않게 들립니다. 그만 한 돈이 없는 사람은 늙어서 길거리로 나앉게 생겼다는 불안이 싹틉니다. 미래를 위해 모아둔 돈이 없으면 살아있을 자격이 없다는 뜻으로도 들려서 불안을 넘어 분노를 느낄 때도 많습니다.

노후의 인생을 본인 스스로 지켜야 한다면 이는 국가의 책임 방기와 다르지 않습니다. 그러나 다른 한편으로 국가에 행복을 요구하고 싶지도, 불행을 당하고 싶지도 않기 때문에, 도리어 어떻게든 살아남기 위한 최선의 노력을 해볼 작정입니다. 앞으로의 인생을 생각하면 불안하지만, 미래에 대한 불안 때문에 삶의 기쁨이나 행복을 흘려보내고 싶지 않습니다. 그렇다면 어떻게 하면 좋을까요?

인간은 반응자가 아니다

> 혼자 살고 있습니다. 백세시대라는 말에 걱정이 되어서 돈을 쓸 수가 없습니다. 여행도 하고 싶은데 사치라는 생각이 먼저 듭니다.

> 노후 자금이 얼마나 필요할지 걱정입니다. 저축한 돈은 자식에게 남겨주지 않고 여행을 하거나 즐거운 일에 쓰고 싶은데, 노인 시설에 들어갈 때 필요한 비용을 생각하면 할 수 있는 게 아무것도 없습니다. 어떤 식으로 생각하면 좋을까요?

모두 돈에 관련된 상담이므로, 우선 돈이 없으면 불행해질지 모른다는 불안과 어떻게 맞서면 좋을지 생각해보겠습니다. 이어서 '사치'에 대해서도 생각해보겠습니다.

노후에 필요한 자금을 생각하면 여행은 고사하고 평소 물건을 살 때도 지금 꼭 필요한 건지 고민하고 망설이지 않을 수 없습니다. 물론 재산이 아주 많지 않으면 원하는 것을 뭐든지 살수도, 생각난다고 불쑥 여행을 떠날 수도 없습니다. 좋아하는 것에 가진 돈을 다 쓰고 싶어도 노후를 생각하지 않을 수 없습니다. 자식에게 돈을 조금이라도 남길 생각도 할 것입니다.

이처럼 미래에 대한 불안이 인간의 자유를 박탈하고 제한합니다. 그뿐 아니라, 현실 생활에 곤란을 주기도 합니다. 사람은 어떤 제약도 없이 맘껏 자유로운 생활을 할 수 없습니다. 그렇지만 꽉꽉한 현실에 희롱당하며 사는 취약한 존재만도 아닙니다.

아들러는 인간은 외부의 자극에 단순히 반응하는 존재(반응자, reactor)가 아니라 행위자(actor)라고 말합니다. 인간이 특정한 사건이나 경험에서 모두 같은 영향을 받으며 반응하는(react) 것은 아니라는 의미입니다. 인간은 외부의 자극에 단순히 반응하는 존재(반응자, reactor)가 아니라 행위자(actor)이므로 어떤 행위를 할지 결정할 수 있습니다.

아들러는 마음과 신체가 모두 생명의 표현이며 과정이기 때문에 서로에게 영향을 주고받는다고 말합니다. 큰 재해나 사고를 당해 충격을 받으면 그 일이 마음에도 지대한 영향을 주게 됩니다. 마음이 받은 충격은 다시 신체에 영향을 줍니다. 늙음이나 질병으로 인해 신체를 자유롭게 움직일 수 없게 되면 그것이 마음에도 영향을 미치는 겁니다.

그러나 생각대로 신체를 움직이지 못하게 되었을 때도 사람은 누구나 자기 신체에서 일어나는 일을 같은 방식으로 받아들이지 않습니다. 젊을 때처럼 자유롭게 움직일 수 없게 되었어도 누구나가 절망하는 것은 아닙니다. 마음은 신체로부터 영향을 받지만 결정되는 것은 아닙니다.

심한 공복감을 느끼는 중에 눈앞에 빵이 하나 있다고 생각해봅시다. 그런 내 앞에 나보다 더 배고프고 이 빵을 더 필요로 하는 사람이 보인다면, 아마도 많은 사람이 그 빵을 양보할 것입니다. 인간이기 때문에 그런 판단을 할 수 있습니다. 개중에는 배고픔을 참지 못하고 자기가 먹어버리는 사람도 있겠지만요.

이런 경우 공복은 빵을 먹게 하는 원인인데, 플라톤의 말을 빌리자면, 이는 '부원인'이며 '진짜 원인'은 아닙니다. 왜 '진짜 원인'이라고 할 수 없냐면, 공복이라고 해서 반드시 빵을 먹는 것은 아니라 남에게 양보하는 사람도 있기 때문입니다.

진짜 원인은 '선'입니다. 이 '선'에 도덕적 의미는 없습니다. 배고프지만 빵을 먹지 않은 것이 '선'입니다. 즉, 나는 먹지 않고 남에게 양보하는 것이 나에게 '도움이 된다', '이득이 된다'라고 판단한 것입니다. 한편, 빵을 먹은 사람도 그렇게 하는 것이 '선'이라고 판단했을 뿐입니다. 이러한 상황을 고려하지 않은 상태에서는 어떤 판단이 옳은가 절대적으로 결정할 수 없습니다.

이를 현실 문제에 적용해봅시다. 노후 자금을 충분히 확보하지 않았다고 해서 누구나 불안감을 느낄 필요는 없습니다. 이는 불안해하지 않아도 된다는 말도, 그날에 번 돈은 그날에 써버리자는 생활방식을 권장하는 것도 아닙니다. 팍팍한 현실 속 미래를 생각하면 불안하겠지만, 현실의 제약 때문에 비관하거나 절망하지 않아도 살아갈 수 있다는 뜻입니다.

도쿄, 교토, 하코다테, 나고야에서 연쇄 살인을 저지른 사형수

나가야마 노리오永山則夫는 복역 중에 책을 출간했습니다. 나가야마는 무지와 빈곤 때문에 살인을 저질렀다면서, 그의 친구는 "모두가 가난했다."라고 적었습니다. 그러나 가난하다는 이유로 누구나 죄를 짓는 건 아닙니다.

나 역시 가난했던 학생 시절, 겨우 노숙을 면할 정도로 돈은 없었지만 어떻게든 살았습니다. 가난했지만 불행하지는 않았습니다. 사회 전체가 가난했지만, 그 가난 속에서 누구나 불행했던 건 아니었습니다.

사치란 각자에게 오리지널

물건을 살 때 그 물건이 사치품인지 아닌지 가격만으로는 판단할 수 없습니다. 사치란 무엇인지 그 의미를 아는 것이 필요합니다.

사치의 사전적 정의는 '필요 이상의 것을 쓰는 것'이라고 되어 있습니다. 필요성 여부는 객관적 판단이 적용되지 않습니다. 어떤 사람에게는 필요하지만 어떤 사람에게는 불필요한 경우가 얼마든지 있습니다. 필요한지 어떤지 판단은 본인만 할 수 있습니다. 타자의 눈에는 사치로 보여도 본인에게 절대로 필요한 것이라고 한다면 그것은 결코 사치가 아닐 겁니다.

학생 때 내가 산 컴퓨터는 당시에는 대단한 고가품이었습니다. 그래도 내게는 연구를 위해 절대적으로 필요한 물건이었기에 과감히 샀습니다. 컴퓨터가 지금처럼 보급되지 않아서 필요성을 이해하는 사람은 적었지만, 내게는 필수품인 까닭에 사치는 아니었습니다. 되돌아보면 간혹 비싼 책을 사면서도 '비싸지만 연구에 절대 필요하다.'며 자기합리화했던 때가 많았던 것 같습니다. 필요성에 너무 연연했다고 볼 수 있습니다. 이처럼 뭔가를 살 때 필요성 여부에 지나치게 비중을 둔 경험이 있을 겁니다.

기념일에 꽃을 사는 건 사치일까요? 그 꽃은 필요할 수도 필요하지 않을 수도 있습니다. 하지만 비싸서 사지 않겠다거나 꽃이 고픈 배를 채워주지 않는다는 등의 말을 하면 꿈이 없는 인생이 되어버립니다.

세상에는 돈으로는 가치를 따질 수 없는 사치가 무궁무진합니다. 온종일 산과 들을 다니며 자연을 만끽하거나 굳이 멋진 관광 명소를 섭렵하지 않더라도 마음에 드는 곳에서 잠시 살아보는 여행 등은 비싼 돈을 들이지 않고도 누릴 수 있는 사치입니다. 일이나 공부를 위해서가 아니라 즐기기 위해 책을 읽는 것도 말하자면 아주 값싼 대가로 누릴 수 있는 사치이지요. 찾으면 사치할 것이 한없이 보입니다. 통상적 의미에서 욕망을 의미하는 사치도, 필요성에 근거한 사치도 그 바탕에는 생산성에 가치를 둔 시각이 있습니다. 진정한 사치는 무형의 것에 있습니다. 생산성, 유용성, 경제성과는 무관합니다.

미래를 생각해서 절약해야 하는 것은 사실입니다. 그런 의미에서 인생은 생산성, 경제성에서 완전히 자유로울 수 없습니다. 하지만 풍요로운 인생을 만드는 사치스러운 생활 방식도 분명 존재할 것입니다.

사치에 대한 욕망이 어떠하든 인간은 행복해지기 위해서 사치를 합니다. 통상적 의미에서의 사치스러운 생활도 행복감이 없다면 오히려 사치가 행복을 방해합니다. 사치는 행복하기 위한 수단이 아닙니다. 내가 행위를 함으로써 행복을 느낀다면 사치스럽게 살고 있는 겁니다.

행복에는 다른 사람이 이해하기 어려운 지점이 있습니다. 철학자 미키 기요시의 말을 빌리자면 행복은 '각자에게 오리지널'이기 때문입니다.[24]

젊은 시절에는 자격증을 취득하기 위해 공부해야 하는 때가 있었을 겁니다. 그런 필요가 사라지고 결과를 내지 않아도 되는 때에 무언가를 배우고 새로운 것에 도전하는 일이야말로 최고의 사치입니다.

60세에 시작한 한국어는 그다지 수준급은 아니지만, 김연수의 수필을 읽거나 윤동주의 시를 읽으면 금세 행복감에 충만해집니다. 한국어라서 천천히 읽을 수밖에 없는데 나보다 젊은, 혹은 젊어서 죽은 작가나 시인들이 쓴 작품을 읽고 작품에 깊이 빠저 저자의 생각을 함께 나눌 수 있어 즐겁습니다.

심근경색으로 입원해 있을 때 주치의가 내 흉부에 청진기를 댄 후 다시 일상으로 돌아가게 되면 주의할 점을 설명한 적이 있습니다.

"피로하면 쉬세요. 원래 생활로는 돌아갈 수 없지만, 대부분은 하고 싶은 대로 할 수 있습니다."

퇴원 후 금해야 할 것은 무엇인지 물었더니 다음과 같은 대답이 돌아왔습니다.

"기한 내 해야 하는 일은 피하세요. 며칠 밤 꼬박 새워 완성했더니 엔도르핀이 분비되어 성취감이 대단하더라도 그런 일은 하지 마세요."

나는 원고 마감에 쫓겨 무리하지 않으면 안 될 때는 있지만, 대체로 의사의 조언대로 생활하고 있습니다. 지금은 싫은 일은 하지 않는 것이 내게 최고의 사치입니다.

인류 최초의 인간처럼

밭을 빌려서 부부가 함께 농사를 짓고 있습니다. 재배한 채소를 친구들에게 선물할 때 기뻐하는 얼굴들을 보면 마음이 뿌듯합니다.

어릴 때부터 시골에서 살았지만, 자연에 관심을 가져본 적은 없었습니다. 자연 속에서의 삶이 너무도 당연했기 때문이라고 생각합니다. 꽃 이름도 새 이름도 몰랐습니다. 그런 내가 자연의 아름다움에 눈을 뜬 건 심근경색으로 한 달 동안 입원하고 집으로 돌아온 후였습니다.

퇴원 후 내 눈에 비친 세상은 너무나도 눈부셨습니다. 수목의 푸르름이 눈을 자극했습니다. 신록의 계절을 병원에서 보냈다는 아쉬움과 함께 비로소 자연의 아름다움을 깨닫게 되었습니다. 처음에 나는 집 주변을 조심조심 걸었습니다. 그 후 멀리까지 갈 수 있게 되자 사진 찍는 법을 배워서 꽃, 새, 바람, 달 등을 카메라에 담으며 자연을 벗으로 삼게 되었습니다.

비록 채소 농사를 지은 적은 없지만, 집에서 요양하던 나는 아내와 딸이 외출한 뒤 베란다 꽃에 물주는 일을 즐겼습니다. 매일 조금씩 자라서 드디어 꽃이 피는 식물에 저는 저의 회복을 투영했습니다.

독일의 시인 릴케는, 자작시 비평을 요청하며 편지를 보낸 젊은 시인에게 자기 내면으로 들어가라고 조언한 후 "자연과 가까워지세요. 그러고 나서 최초의 인간처럼 당신이 본 것, 체험한 것, 사랑한 것, 그리고 상실한 것을 말하도록 하세요."라고 썼습니다.

익숙한 풍경도 인류 최초의 인간이 보듯이 보면 다르게 보일 것입니다. 몸을 움직일 수 없게 된 어머니는 병상에서 손거울을 통해 비친 창밖 풍경을 감상했습니다. 그것은 당시 어머니가 누린 최고의 사치였을 겁니다.

가질 수 없는 것을 놓아주자

무질서 속의 질서

한 잡지사 기자에게서 정리법에 관한 취재를 요청 받은 적이 있습니다. 내 방은 분명 깨끗이 정돈되어 있을 것이라고 생각한 모양인데, 내 서재는 책으로 뒤덮여 있어서 정리법에 대해 할 수 있는 말이 없다는 이유를 들어 취재를 거절했습니다.

철학자 미키 기요시는 이런 이야기를 하고 있습니다.

이를테면 처음 온 가사도우미에게 서재 정리를 맡겼다고 치자. 그녀는 책상 위나 그 주변에 난잡하게 놓인 책과 서류와 문구류 등을 정돈하고 정갈하게 세워놓을 것이다. 그리고 그녀는 만족해할 것이다. 이제 내가 책상에서 일하려 한다. 그런데 나는 뭔가 정리되지 않은 느낌, 안정되지 않은 느낌을 받고는 모

처럼 깔끔하게 정돈된 것을 한 시간도 채 안 돼서 뒤엎어 원래대로 난잡하게 어질러 놓을 것이다.[25]

깔끔하게 정리를 잘하는 사람은 도저히 이해하기 어려운 이야기일 수도 있습니다. 남이 보면 어질러진 듯 보이는 방도 방 주인이 보기에는 정돈된 상태입니다. 말하자면 나름대로 질서가 있는 것입니다.

외견상 아주 잘 정리된 것에 반드시 질서가 있는 것도 아니요, 오히려 일견 무질서하게 보이는 곳으로 벗어나 질서가 존재하는 것이다.

먼저 자신이 납득할 수 있고 생활의 편리를 위해 정돈하면 되는 것이지 타인에게 어떻게 보이는지가 최우선은 아닙니다.

불필요하다고 판단한 물건을 없앨 수는 있으나 버려야 한다는 '판단'을 할 수 없습니다. 처분하려는 것은 외적인 질서를 위한 것이며, 분명히 보기에는 깔끔해도 반드시 질서와 일치하지는 않습니다. 왜 그럴까요?

처분할 수 없는 것들

소크라테스 철학을 계승한 디오게네스라는 철학자가 있습니다. 그는 생활상의 필요를 최소한으로까지 절약하여 자족한 생활을 보냈습니다. 어느 날 손으로 시냇물을 떠서 마시는 아이를 보고 "나는 이 아이에게 패배했다."라며 주머니 가방 속 밥그릇까지 버렸습니다.

가진 걸 모두 처분하면 당장 생활이 곤란할 수 있습니다. 하지만 가급적 가벼운 마음으로 일상의 물건을 정리하려는 사람에게는 가능하다면 디오게네스처럼 사는 방식이 이상적이지 않을까요?

내 서재는 책에 파묻혀 있습니다. 이곳을 정리하는 가장 간단한 방법은 필요하지 않은 책을 치워 없애는 겁니다. 그러나 사실 실행하기 어렵습니다. 왜냐면 지금은 필요하지 않지만, 언젠가 필요할 수 있고 실제로 필요해지기 때문입니다. 간혹 남에게 빌려준 책이 필요해질 때도 있어 난감하곤 합니다. 처분하는 데 어떤 주저함도 느끼지 않는다면 결단을 내리느라 쩔쩔 맬 필요가 없습니다. 나중에 필요하게 될지도 모른다고 생각하니까 망설임입니다.

문제는 처분하려는 것이 '물건'이 아니기 때문입니다. 단순한 '물건'이라면 가차 없이 버립니다. 기분도 후련해집니다. 그런데 추억이 쌓인 것은 '물건'이 아닙니다. 책을 처분하려 해도 집어 들면 언제 샀고 어떻게 읽었는지 그 책에 담긴 역사가 떠오릅니다.

책을 처분하려고 생각했다면 책을 펼치면 안 됩니다. 펼치지 않으면 마음먹은 대로 버릴 수가 있는데 일단 책장을 넘기면 시간 가는 줄 모르고 읽어내려 갑니다. 앨범도 마찬가지입니다. 사진을 넋 놓고 바라봅니다. 고인의 유품이라면 그 사람이, 그 사람과 지낸 날들의 기억이 되살아납니다.

추억이 가득한 물건을 치워 없애는 일은 불가능하지 않을까요? 다신 들여다보지 않겠다며 추억을 봉인하듯이 처분한다면 못할 건 없습니다. 만일 쌓여가는 물건을 조금이라도 줄이고자 한다면 어떻게 하면 좋을까요?

소지도 소유도 하지 않기

이 원고를 쓰고 있는 나는 손목시계를 차고 있습니다. 나는 시계를 '소지'하고 있습니다. 이 시계를 풀면 나는 시계를 소지하지 않습니다. 하지만 소지는 하지 않아도 나는 이 시계를 '소유'하고 있습니다. 먼저 소지한 것을 내놓기로 합시다. 내놓아도 내 것이라는 사실은 달라지지 않으니까요.

세상에는 소유조차 불가능한 것도 있습니다. 에리히 프롬은 그의 저서 《소유냐 존재냐To Have or To Be》에서 영국 시인 알프레드 테니슨Alfred Tennyson과 일본 하이쿠 시인 마쓰오 바쇼松尾芭蕉의 시를 인용해서 '소유'와 '존재'의 다름에 관한 이야기를 합니다.

남모르게 핀 꽃을 보았을 때 그 꽃에 어떻게 반응하는지는 사람마다 다릅니다. 꽃을 꺾어 자기 방에 갖다 놓으려 생각하는 사람은 자기 시선이 머무는 곳에 꽃을 두고 사랑하기를 욕망합니다.

테니슨은 꽃을 '소유'하는 쪽을 선택했습니다.

금이 간 벽에 핀 꽃이여
나는 너를 갈라진 틈에서 꺾는다
나는 너를 뿌리째 이 손에 들고 있다

어떤 사람은 단지 꽃을 바라보는 행위로 만족합니다. 그 꽃을 스케치하거나 사진은 찍어도 꺾거나 잡으려는 생각은 하지 않습니다.

바쇼는 피어 있는 꽃을 바라보는 쪽을 선택했습니다.

찬찬히 보니 냉이꽃 피었구나 울타리일까

꽃을 꺾어 쥐려고도, 만지려고도 하지 않습니다. 단지 냉이가 '존재'하는 것을 볼 뿐입니다.

프롬이 같은 책에서 인용하고 있는 괴테의 시에 등장하는 꽃은 자신을 꺾으려는 시인에게 호소합니다.

나무 그늘에서 나는 보았네

한 송이 꽃이 피어 있는 것을

별처럼 빛나는

아름다운 눈동자처럼

꺾으려 하는 내게

꽃은 다정하게 말하네

꺾으면 금세 시들고 말 거예요

미키 기요시는 《인생론 노트》에서 다음과 같이 말하고 있습니다.

아우구스티누스는, '식물은 인간이 보아주기를 욕망하고, 보아주는 것이 그것에게는 구원이다.'라고 말했다.

폭풍이 몰아친 다음 날 아침, 두려운 마음으로 밖에 나가 보니 나팔꽃이 제법 많이 피어 있었습니다. 꽃이 정말 보아주는 걸 원하는지는 모르겠지만, 폭풍이 지나간 뒤 꽃을 피운 나팔꽃을 향해 내가 곁에서 지켜보고 있다고 말해주고 싶었습니다.

책이나 앨범은 단순한 '물건'이 아니라서 쉽게 처분할 수 없습니다. 나를 펼쳐서 봐달라고 호소하고 있기 때문입니다. 그래서 더욱 소중하게 가까이 두고 싶어지는데, 이에 대처하는 한 가지 방법은 꽃을 꺾어 가지려 하지 않고 그저 바라보는 겁니다.

물건은 어느새 늘어납니다. 나는 한 번 집에 들인 책은 두 번 다시 밖으로 내보내지 않습니다. 다른 물건도 앞서 보았듯이 추억이 담겨 있으면 쉽게 처분하지 못합니다. 그래도 언젠가는 미련을 버려야 할 때가 옵니다.

내 손으로 처분하지 않아도 재해로 유실되는 일도 있습니다. 이런 경우 괴로운 것은 단지 물건이 유실되어서가 아닙니다. 내 인생의 일부가 유실된 것 같아 괴로운 것입니다. 그러나 눈앞에서 사라졌더라도 존재 자체가 없어진 건 아닙니다. 벚꽃은 떨어져도, 흐드러지게 피었던 그 모습은 언제까지라도 기억 속에 각인되어 있듯이 말입니다. 추억은 영원히 남습니다.

좋지 않은 추억을 삭제하는 법

추억도 소지하는 것이 아닙니다. 과거의 일뿐 아니라 지식도 소지할 수 없습니다. 시험 직전까지 교과서를 필사적으로 암기해본 경험이 있을 겁니다. 교과서에 빨간 줄 그어가며 암기한 그 많은 지식들이 지금에는 하나도 기억에 없을 것입니다. 지식은 소지할 수 없기 때문입니다.

그러다가도 불쑥 되살아나는 때가 있습니다. 지식이든 경험이든 무언가를 기억하는 것은 날아가는 새를 그물로 잡아서 가

뒤두는 것과 같습니다. 그물로 한 번에 잡을 수 있는 새의 수는 한계가 있습니다. 그래서 잡으면 새장에 넣어야 합니다. 떠올린다는 것은 새장 속에 있는 새를 문득 생각해내는 감각입니다. 노리고 있던 새는 잡히지 않고 예상치 못한 새가 그물 속으로 들어와 새장 속에 갇히기도 합니다. 모든 것을 의식적으로 기억할 수는 없습니다.

다른 비유를 하자면 기억한다는 것은, 손에 든 책을 책장에 세워 두는 것입니다. 지식을 소지하지 않아도 필요한 책이 책장 어디에 있는지 알기 때문에 필요할 때 쏙쏙 꺼낼 수 있습니다. 그렇다고 한다면 마찬가지로 추억이 담긴 물건에 집착하지 않아도 됩니다.

이 책장에 꽂을 책을 가능한 한 정선精選하기 바랍니다. 즉 좋지 않은 추억은 삭제하는 겁니다. 집착의 사례로 다음과 같은 이야기를 앞서 소개한 적이 있습니다. 구름 한 점 없이 맑은 날, 출근하는 남편에게 아내가 "오늘은 비가 올지도 모르니까 우산 가져가요."라고 말합니다. 남편은 날씨가 이렇게 좋은데 무슨 비가 오겠냐며 뿌리치고 나갔습니다. 그러면서도 그날 내내 하늘을 올려다봅니다. 이것이 집착입니다. 집착이나 과거의 경험한 것에 매달리기를 멈추면 좋은 기억만이 살아나게 됩니다.

물건은 처분할 수 있습니다. 지식이나 추억도 사고방식을 전환하면 처분할 수 있게 됩니다.

인간관계는 정리할 수 있을까

인간관계에 대해서는 어떻게 생각하면 좋을까요?

일본어나 고대 그리스어는 '나에게는 자식이 있다'[26]는 식의 어법을 씁니다. 자식은 부모가 '소유'한 것이 아니라 부모와의 관계 속에 '존재'한다는 의미입니다. 자식은 부모와 무관하게 살지 않고 부모와의 관계 속에 존재합니다.

부모는 자식 신상에 일어나는 일에 무관심하게 있을 수 없어서 자식과 함께 웃고 울지만, 자식이 부모의 기대를 충족해주어야 하는 건 아닙니다.

어렸을 때 자식은 부모의 지원이 있어야 살 수 있었기 때문에 부모나 주변 어른이 자신에게 무엇을 해줄지 그것만 생각했습니다. 자식이 이렇게 생각하는 데에도 일리는 있습니다. 그러나 자력으로 할 수 있는 것이 많아져도 타자에게 의지한 삶을 살면서 타자가 자기 기대를 채워주기 위해 살고 있다고 믿는 사람이 있습니다.

그런 사람이 타자가 자기 기대를 채워주기 위해 살지 않는다는 것을 언제 깨닫게 되냐면 누군가를 사랑하기 시작할 때입니다. 이 사람을 위해서 내가 할 수 있는 일은 무엇일지 생각하기 시작하는 겁니다. 그런 생각을 하기 시작하면 누군가를 자신의 수단으로 여기지 않습니다. 앞서 기술한 대로, 프롬은 '존경이란 그 사람이 그 사람답게 성장하고 발전해갈 수 있도록 마음을 쓰는 것'이라고 했습니다. 나를 위해 상대를 다른 사람으로 변화시키려 하지 않고 그 사람답게 존재할 수 있도록 배려하는 것은, 꽃을 예로 들어 말하자면, 꽃을 사랑하기 위해 꺾어서 집으로 가져올 생각을 하는 대신 꽃이 핀 장소에서 피어 있는 모습 그대로를 감상하는 것입니다.

과거는 새로워질 수 있다

과거는 새로워질 수 있다

의식을 지금에 고정하고 살기 위해서는 미래뿐 아니라 과거도 분리해야 합니다. 그런데 이 또한 간단한 문제는 아닙니다.

왜냐면 미래에 대한 불안은 근거 없이 막연한 불안이 아니라, 받을 연금이 없고, 신체가 부자유한 현실적 문제와 맞닿아 있기 때문입니다. 그러나 이것 역시도 어디까지나 가능성일 뿐입니다.

이와는 반대로 과거는 없었던 일로 되돌릴 수 없는 실제입니다. 게다가 잊으려야 잊을 수 없는 일도 있습니다. 불행과 후회의 집대성인 과거는 성가시기 마련입니다.

간혹 기억하고 있는 과거가 실제였는지 확신이 흔들리기도 합니다. 다치고, 병원에 입원하고, 이사한 일 등 굵직한 기억들도 시간순으로 떠올리기 어렵습니다. 몇 살 때 일이었는지조차 정확하게 기억할 수 없습니다.

어느 여름, 어머니가 뇌경색으로 입원했을 때입니다. 어머니는 내가 열중해서 읽고 있던 표도르 도스토옙스키의 장편소설 《카라마조프 가의 형제들》을 읽고 싶다고 했습니다. 그 무렵의 어머니는 혼자서는 책 읽을 기력조차 없었습니다. 나는 어머니에게 이 장편소설을 읽어드렸습니다.

이 이야기를 여동생에게 했더니 여동생 말이, 어머니는 입원 전에 그 책을 읽고 있었다는 겁니다. 러시아 이름은 길고 같은 사람이라도 복수의 호칭이 있어서 작가를 금세 기억하지 못했을 것이라면서, 어머니는 《카라마조프 가의 형제들》에 등장하는 인물의 관계도를 그리면서 읽었고, 어머니가 보여준 그 메모를 여동생은 기억하고 있으며, 어머니가 돌아가신 후 유품으로 그 책을 받았다는 겁니다.

그렇다고 한다면 내가 침상에서 읽어드린 책은 무엇이었을까요? 나는 여동생이 유품으로 받았다는 책을 지금도 가지고 있습니다. 명명백백한 과거의 사실을 두고 나와 여동생은 전혀 다르게 기억하고 있습니다. 지금은 어느 쪽이 진실인지도 알지 못합니다.

과거를 생각하는 '지금', 그것을 받아들이고 의미를 부여하는 방법에 따라 과거가 달라지기도 합니다. 왜 다른 의미를 부여하냐면 지금의 내가 달라져 있기 때문입니다.

한 남성이 어린 시절 개에게 물린 기억을 떠올렸습니다. 지금과 달리 옛날에는 개를 풀어놓고 기르는 일도, 떠돌이 개도 많았습니다. 체구가 작은 어린아이 눈에는 모든 개가 크게 보였고 무서웠습니다. 그의 부모는 개는 달아나면 쫓아오니까 길에서 개를 만나면 절대 달아나면 안 된다고 가르쳤습니다.

어느 날 큰 개와 마주쳤습니다. 그때 함께 있던 친구들은 줄행랑쳤지만, 그만은 부모님이 일러준 대로 그 자리에서 꼼짝 않고 있다가 개에게 다리를 물렸습니다. 그의 기억은 개에게 물린 지점에서 끊어졌습니다. 하지만 당연히 사건은 거기서 끝나지 않았을 겁니다.

그는 그때 이후의 기억을 떠올릴 수 없게 되었는데, 거기에는 이유가 있습니다. 그는 개에게 물린 순간을 떠올렸을 때, 순진하게 타자를 믿으면 무서운 일을 당하며, 이 세계는 위험한 곳이라고 생각한 겁니다.

그러던 어느 날 그는 개에게 물린 후 어떤 일이 있어났는지를 우연히 기억해냈습니다. 개에게 물렸을 당시 때마침 지나가던 낯선 아저씨가 그를 자전거에 태우고 병원으로 내달렸던 것입니다. 그가 이 이야기를 떠올린 이후에도 개에 물렸다는 사실은 변하지 않았습니다. 개에게 물린 과거가 사라진 것도 아닙니다. 하지만 낯선 아저씨가 병원에 데려다주었다는 이야기가 더해지자 과거 자체가 바뀌었습니다.

'나쁜' 추억이 '좋은' 추억으로 바뀐 겁니다. 어떤 사건도 그 자체로는 선악무기입니다. 즉, 선도 악도 아닙니다. 개에게 물린 것은 '나쁜' 기억이지만, 누군가 그를 도와준 기억은 '좋은' 기억입니다. 그의 세계관에 변화가 일었습니다. 무서운 일은 당할 수 있지만, 도와줄 사람이 있다고 여기게 된 것입니다.

핑계 대기 위한 과거를 지우기

우리는 때로 과거의 기억을 만들어내기도 합니다.

아들러는 자신이 어릴 때 경험한 일을 이렇게 회상합니다.[27] 아직 5세였는데 초등학교에 입학한 아들러는 매일 묘지를 지나 등교해야 했습니다. 묘지를 지날 때는 무서워서 가슴이 죄어들어가는 것 같았습니다.

묘지를 지날 때 느끼는 그 공포에서 자신을 해방해야겠다고 결심한 아들러는 어느 날, 묘지에 도착했을 때 일부러 급우들보다 뒤로 처져서 가방을 묘지 말뚝에 걸고 혼자 묘지 안으로 걸어들어갔습니다. 처음엔 빠르게 걷다가 나중엔 천천히 걷다가 하는 동안 어느새 공포를 완전히 정복했다는 느낌을 받았습니다.

35세 때 아들러는 그때의 친구들을 만나서 묘지에 관해 궁금한 점을 물었습니다.

"그 묘지는 어떻게 되었을까?"

이렇게 묻는 아들러에게 친구들은 대답했습니다.

"묘지 같은 건 없었는데?"

친구들의 기억이 정확하다면 아들러가 용기를 짜내서 줄달음쳐 빠져나갔던 묘지는 존재하지 않았습니다. 하지만 이미 묘지가 실재하지 않았다고 한들 상관없었습니다.

아들러에게는 왜 과거의 회상이 필요했을까요? 어릴 때 고난을 이겨내려 용기를 발휘한 기억을 떠올림으로써 인생의 난관을 극복하고 고난을 이겨내는 데 도움을 받았을 겁니다. 어릴 때도 해냈는데 지금 못할 이유는 없다고 스스로 격려했겠지요.

아들러와 달리 '나쁜' 기억을 창출하거나(적어도 실제로 있었는지 확증이 없는 채로 과거의 '나쁜' 기억을 유지하려 하거나) 과거의 체험을 나쁜 쪽으로 해석하는 사람은 과거의 일을 떠올리고 있는 '지금' 그 나쁜 기억이 필요하기 때문일 겁니다. 문제가 생겨도 적극적으로 해결에 나서지 않고 과거를 핑계대기 위해서입니다.

지금껏 보아왔듯이 과거는 지워지고 없어지지 않지만 '지금'이 바뀌면 과거도 바뀝니다. 부연하자면, 과거를 떠올릴 필요도 없어집니다. 가령 과거에 있던 일이 지금의 인생에 큰 영향을 주고 있어도 확실한 건 과거로 돌아갈 수 없다는 점입니다. 돌아갈수 없는 과거를 생각하고서 몸부림치며 괴로워하는 일은 그만두기 바랍니다.

과거를 분리하면 오늘을 살아갈 '동력'을 얻을 수 있다

> 얼마 전 인생을 한 차례 정리하는 차원에서 물건을 정리하던 중, 남편의 과거를 알고 충격을 받았습니다. 시어머니의 편지를 통해 결혼 전 남편에게 사랑하던 여자가 있었다는 사실을 알게 된 것입니다. 그날 이후 살아갈 힘을 잃었습니다. 도대체 무엇을 마음의 버팀목으로 삼고 살아가야 할까요?

남편의 과거를 알게 된 일이 살아갈 힘을 잃게 하는 계기는 될 수 있지만, 원인은 아닙니다. 남편의 과거를 알게 되었을 때 모든 사람이 천편일률적으로 반응하지 않습니다. 어떻게 반응할지는 스스로 결정할 수 있는 문제입니다. 모든 것은 앞으로 남편과 어떻게 살아갈 것인가에 좌우됩니다.

지금에 와서 그 과거를 없던 것으로 만들 수는 없습니다. 편지를 읽지 않은 시점으로 시간을 되돌릴 수도 없습니다. 충격 받은 과거도 지울 수 없습니다. 하지만 반드시 충격 받아야 할 일이었는지 남편의 과거를 알게 된 직후의 반응을 되돌아볼 수는 있습니다.

지난 결혼 생활이 불행했다면 남편의 과거가 살아갈 힘을 앗아갈 이유가 될 수 있습니다. 실제로 순탄한 인생은 아니었을지 모릅니다. 하지만 관계가 좋지 않았다면, 훨씬 전에 파경을 맞았을 수도 있고 오랜 세월을 함께할 수도 없었을 겁니다. 지금까지 남편이 '마음의 버팀목'이었다면 결혼 전 남편의 과거가 함께한 결혼 생활을 없던 것으로 만들 만큼 중요한 사건인지 생각해보아야 합니다.

사람 사이가 좋아지고 나빠지는 데는 어떤 원인이 작동하기 때문이 아닙니다. 관계가 나빠지면 상대의 장점이었던 점이 단점으로 보입니다. 친절한 사람이 우유부단한 사람으로, 믿음직스러운 사람이 지배적인 사람으로 보이는 식입니다. 상대가 변해서가 아닙니다. 이 사람과는 함께 살 수 없다고 생각한 순간 그 생각을 뒷받침하기 위해 상대를 지금까지와 다른 관점으로 보려고 결심하는 겁니다. 그렇게 결심하면 상대의 단점, 결점, 문제 행동이 수두룩하게 보입니다.

일본 고베에서 큰 지진이 일어났을 때 깨진 기왓장 밑에 깔려 탈출하지 못하는 사이에 자기를 버리고 달아나는 남편을 본 아내가 '이런 사람인 줄은 몰랐다.'며 낙담한 끝에 이혼을 선택한 경우가 있었습니다. 이들뿐 아니라 많은 부부의 이혼이 속출했다는 기사를 당시 신문에서 읽은 적이 있습니다.

이런 경우 두 사람의 관계가 좋았다면 아내는 '남편이라도 탈출할 수 있어서 다행'이라고 말했을 겁니다. 지진 때 같은 사고를 당해도 그것을 어떻게 해석하고 그 후의 삶이 어떻게 변할지는 지진 발생 전 두 사람의 관계가 어땠느냐에 따라서 다르게 드러납니다.

실령 지진 전에 관계가 나빴던 두 사람이라 할지라도 지진 후 살아남은 것을 감사하게 여긴다면 이제부터 사이좋게 살아가자는 결심을 하게 될 것입니다. 남편과 함께 여생을 보내야겠다고 생각한다면 남편을 질책해도 헛일입니다. 과거를 떼어버리는 수밖에 없습니다.

> 아이가 다 크고 나니, 나는 부모님에게 그다지 관심받지 못했다는 생각이 들었어요. 어린 시절의 내가 너무도 가엾습니다. 이 서글픈 마음을 어떡하면 좋을까요? 부모님에게 말해도 기억나지 않는다고 하니 더 화가 납니다.

슬퍼하지 않아도, 화내지 않아도 됩니다. 부모는 모든 자식을 같은 마음으로 키웁니다. 단 대하는 태도가 완전히 같을 수는 없습니다. 맏이는, 처음에는 부모의 주목, 관심, 애정을 독점할 수 있었지만, 동생이 태어나면 왕좌에서 밀려납니다. 부모는 동생을 돌보느라 여력이 없어서 예전과 똑같이 맏이를 대할 수 없게 됩니다. 부모가 맏이를 돌보지 못하게 된 것은 부모가 맏이를 사랑하지 않기 때문이 아닙니다. 많은 것을 스스로 할 수 있게 되었기 때문에, 아이의 행동에 참견하고 간섭하지 않아도 된다고 여긴 겁니다. 돌봄을 받지 못한 것이 아니라, 신뢰를 받기 시작한 셈입니다.

4년쯤 전부러 남편의 행동에 이상을 느끼고 뇌 검사를 받은 결과 치매라는 진단이 나왔습니다. 해마가 수축해서 20년의 기억이 사라졌다고 합니다. 앞으로가 걱정입니다.

20년 기억이 사라진 현실을 받아들이는 데서부터 시작할 수밖에 없습니다.

아버지가 치매 진단을 받았을 때, 해마가 수축한 아버지 뇌 사진을 본 일이 있습니다. 말했듯이 아버지는 25년을 함께 산 어머니의 존재를 잊어버렸습니다. 아마도 어머니가 더 오래 살아서 아버지가 자신을 잊어버렸다는 현실에 직면했다면 아마도 받아들이기 힘들었겠지요. 함께 살면 고충도 많았을 겁니다. 결혼 후 한동안 어머니와 아버지 관계가 원만하지 않아서 힘들었다는 이야기를 어머니가 돌아가시고 한참 후에 아버지에게 들은 적도 있으니까요.

그때의 기억을 계속 가지고 있는 건 괴롭지만, 인생을 함께해 온 상대가 그것을 전부 잊어버린 것을, 더군다나 내 존재마저 잊어버렸다는 것을 알면 얼마나 서글플까요?

기억이 사라진 것을 한탄하고 슬퍼해도 기억은 돌아오지는 않습니다. 잊어버린 과거를 상기시키려 해도 헛수고입니다. 기억을 잃은 남편과 어떻게 살아갈지 궁구하는 것만이 지금 할 수 있는 일입니다. 오늘이 첫 만남인 것처럼 여기며 살기 바랍니다.

사람은 언제든지 변할 수 있다

사람은 변할 수 있을까

'나 자신을 좋아하는지'라는 질문에 무조건 '좋다'고 대답할 수 있는 사람은 그리 많지 않을 겁니다. 심리상담을 받으러 오는 사람들에게 자신을 좋아하는지 물어보면 "좋아하지는 않는다." 거나 개중에는 "너무 싫다."는 답변을 하는 사람도 많았습니다. 왜 이런 대답이 나오냐면, 어릴 때부터 주변 사람들로부터 자주 자신의 단점이나 결점을 지적받았기 때문입니다.

도구는 마음에 들지 않으면 교체할 수 있습니다. 하지만 나라는 도구는 교체할 수 없습니다. 설령 아무리 심각한 버릇이 있고, 싫더라도 앞으로 쭉 사이좋게 지내야 합니다. 물론 자신을 싫어하는 사람 중에도 자신을 변화시키려는 노력을 해보지 않은 사람은 없을 겁니다.

아들러는 사람이 언제까지 바뀌면 자신을 변화시키는 데 늦지 않았다고 할 수 있느냐는 질문에 "아마 죽기 하루나 이틀 전쯤"이라고 답변했습니다.[28]

아들러는 이렇게 답변했지만, 사람이 바뀌는 데는 하루도 필요 없습니다. 아마도 많은 이들이 부정할 테지만, 지금 당장에라도 바뀔 수 있다는 말은 결코 과장이 아닙니다. 단 자신을 바꾸기 위해서는 몇 가지 조건이 요구됩니다.

변화를 방해하는 요소들

왜 바뀌지 못할까요? 변화를 방해하는 이유가 있기 때문입니다. 여기서 '변화'란 성격이기도 하고 행동이기도 합니다. 문제가 발생했을 때 그것에 대처하는 방식은 어릴 때나 지금이나 크게 다르지 않습니다. 아들러는 이를 '라이프스타일'이라고 말합니다. 무언가 곤란한 문제를 앞에 두었을 때 누군가는 그것을 적극적으로 해결하려 하고, 누군가는 망설이고 멈춰 섭니다. 자신이나 주변 세계(또는 사람)에 대한 견해도 라이프스타일입니다. 자신을 긍정적으로 받아들이거나(그렇지 않은 사람은 자신을 싫어합니다), 타자를 동료로 보는가 아니면 적으로 보는가 하는 것들입니다.

아들러는 라이프스타일을 선천적인 것이 아니라 바꿀 결심을 하면 언제든지 바꿀 수 있는 것으로 생각했습니다. 라이프스타일이 선천적이고 바꿀 수 없는 것이라면 사람을 더 나은 방향으로 인도하는 교육은 존립하지 않게 됩니다.

그럼에도 불구하고 왜 성격(라이프스타일)을 바꿀 수 없느냐면, 오래도록 지속시켜 온 것을 바꾸기 어렵기 때문입니다. 평소 타자에게 방심하면 무서운 꼴을 당할지도 모른다고 믿는 사람은 친절한 상대를 만났을 때 뭔가 속셈이 있는 건 아닐까 의심합니다. 자신의 믿음과 다른 일이 일어나면 '예외'라고 여기는 것입니다. 가령 그 사람을 믿게 된다고 해도 여전히 다른 사람은 무서울 것이라고 확신합니다. 뭔가 꿍꿍이속이 있어서 내게 접근하는 건 아닌지 의심을 품고 타인을 대하면 정말로 그렇게 보입니다. 속셈이 있지 않겠냐며 추궁하지 않아도 불신감을 가지고 교유하면 그러는 사이 상대에게서 정이 떨어지게 될 겁니다. 이렇게 해서 믿지 못할 사람이 눈앞에서 사라지면 타자에 대한 자신의 견해가 틀리지 않았다고 확신합니다.

변화하지 못하는 두 번째 이유는 바뀐 후에 무슨 일이 일어날지 모르기 때문입니다. 언제나 불쾌한 태도를 견지하는 사람에게 어느 날, 이쪽에서 먼저 상냥하게 대해보자고 생각합니다. 하지만 그런 식으로 대하면 상대가 어떤 태도를 보일지 몰라서, 결국, 바꾸려는 결심은 흔들리고 평소와 같은 태도로 일관합니다.

'그렇지만'을 지양하자

그렇다면 어떻게 자신을 바꿀 수 있을까요?

먼저 어떤 일이 일어날지 알 수 없더라도, 그 결과를 받아들일 용기가 필요합니다. 대개는 예상한 만큼의 무서운 일은 일어나지 않습니다. 오히려 그런 무서운 일은 일어나지 않는다고 봐도 좋습니다. 언젠가 전철에 승객이 많아서 서 있어야 했던 적이 있습니다. 문득 보니 좌석에 가방을 올려 둔 승객이 있었습니다. 큼지막한 체구의 남성이었는데, 저는 그것을 보고도 못 본 척 그냥 있기로 했습니다. 그런데 제 뒤에 있던 젊은 남성이 "미안합니다만, 그 가방 좀."이라고 말을 하는 겁니다. 그러자 그 남성은 "아, 미안합니다."라며 흔쾌히 가방을 치웠습니다.

전철 안에서 좌석을 양보할까 말까 망설이는 사이에 그 승객이 내려버린 경험은 없나요? 좌석을 양보하려 했을 때 아직 양보받을 나이는 안 됐다며 거절 당할까 봐 우물쭈물하면 기회는 날아갑니다. 아직 젊은데 무슨 소리냐며 화를 내는 사람이 있을 거라고는 생각하지 않지만, 설령 그런 사람이 있어도 자리를 양보하는 쪽에서 걱정할 일은 아닙니다.

다음은 '그렇지만'을 지양하는 것입니다. 심리상담을 할 때 상담자에게 이런저런 대안을 제시할 때가 있습니다. 그럴 때마다 '그렇지만'이라고 단서를 붙이는 사람이 있습니다. '그렇지만'은 조언대로 하겠다는 마음과 하지 않겠다는 마음이 길항하고 있는 것이 아닙니다. '하지 않겠다'라고 결심하고 있는 겁니다.

나를 바꾸기 어려운 이유 몇 가지를 살펴봤습니다. 그것들은 모두 '하지 않겠다'는 이유를 정당화하려는 구실에 지나지 않습니다. 아들러는 'A라서(혹은 A가 아니라서) B를 할 수 없다'는 논리를 일상생활 중에 많이 쓰는 것을 '열등 콤플렉스'라고 합니다. 자신이나 타자에게 A라는 사정이 있기 때문에 어쩔 수 없다는 식의 변명을 내세우는 것입니다.

아들러는 "누구나 해낼 수 있다."라고 말합니다. 물론, 실제로는 병에 걸리고 나이를 먹으면 할 수 없는 일이 많아집니다. 진짜 문제는 할 수 있는데도 할 수 없다는 생각이 고정관념으로 정착하는 것입니다. 타자와의 관계에서 지금까지 하지 않았던 것, 이를테면 "고맙습니다." 같은 말은 도저히 못 하겠다는 생각을 버리면 대인관계는 반드시 바뀝니다.

어떻게 반응할 것인지는 스스로 결정할 수 있다

사고나 재난, 늙음이나 질병 등 내외부에서 일어나는 변화들은 부득이 자신을 바꾸게 하는 원인이 됩니다.

사고나 재난을 바라는 사람은 없습니다. 늙음과 질병도 마찬가지입니다. 생애 단 한 번도 병에 걸리지 않는 사람은 없습니다. 나이를 먹으면 늙을 수밖에 없습니다. 그렇게 되면 전에는 할 수 있던 것을 할 수 없게 되기도 합니다. 그렇다고 해서 위축될 필요는 없습니다.

앞에서 살펴봤듯이 아들러는 인간은 외계로부터의 자극에 단순히 반응하는 존재(반응자, reactor)가 아니라 행위자(actor)라고 했습니다. 인간은 똑같은 사건이나 경험을 해도 동일하게 영향을 받고 획일적으로 반응(react)하지 않습니다. 인간은 외계로부터의 자극에 대해 어떤 행위를 할지 스스로 결정할 수 있습니다.

재해나 사고 등 외부로부터 오는 자극, 질병이나 늙음 등 신체 내부로부터 오는 자극에 어떻게 반응할지 그것을 어떻게 받아들일지는 사람에 따라 천차만별입니다. 확실한 건 이들 경험을 통해 이후 어떻게 살아갈지를 스스로 결정할 수 있다는 겁니다.

신상에 일어나는 사건에 압도되면 순식간에 불행의 나락으로 떨어졌다고 느낍니다. 아픔은 지독하고 슬픔은 치유하기 어렵지만 그런 사건이 인생을 불행으로 떨어뜨리는 건 아닙니다. 이후 어떻게 살아갈지 결정할 수 있는 지점에 인간의 존엄성이 있습니다.

지금부터 바꿀 수 있다

앞에서 '이후' 어떻게 살아갈지 결정할 수 있다고 했는데, '지금'부터라는 말로도 대치할 수 있습니다.

우선, 자신을 기다리고 있는 것이 반드시 무서운 일은 아니라는 점을 알아야 합니다. 경험한 적 없으면 무서운 법이지만, 모르는 것이라고 두려워하는 것은 상식적이지 않습니다.

늙으면 어떻게 될지는 타자를 보면 어느 정도 알 것도 같습니다. 하지만 자신이 실제로 어떻게 될지는 모릅니다. 늙음은 피할 수 없습니다. 그렇다면 처음부터 회피할 게 아니라 늙음이라는 현실을 받아들여야 합니다.

앞에서도 보았듯이, 늙음도 질병도 '변화'일 뿐입니다. 중국어에는 '변로變老'라는 말이 있습니다. 다만 늙게 될 뿐 가치는 떨어지지 않습니다.

진학, 취직, 결혼 같은 행운을 성공으로 보는 사람도 있을 겁니다. 그러나 성공했다고 다 행복한 건 아닙니다. 반대의 경우로 사고나 재해를 당하는 것, 질병에 걸리는 것이 불운이고, 불운을 만났다고 반드시 불행해지는 건 아닙니다.

미키 기요시는 앞서 언급한 책에서 행복은 존재와 관계가 있다고 말합니다. 인간은 무언가를 달성하지 않아도 행복하게 '존재'한다는 의미입니다. 질병에 걸려도 늙어도 살아있는 것 자체에 가치가 있으며, 살아있는 것 자체만으로 행복하다는 점을 알면 어떤 일이 벌어진들 마음은 미동도 하지 않을 것입니다.

나이의 한계를 극복하는 의욕

나이를 먹으면 행동이 느려지는 건 피할 수 없는 현상입니다. 젊었을 때처럼 언제나 민첩하게 움직이고 싶지만, 몸이 생각대로 따라주지 않습니다.

그러나 의욕은 스스로 조절할 수 있습니다. 아닌 게 아니라 당장 처리해야 할 업무가 있는데도 의욕이 나지 않을 때는 아무리 의욕이 솟기를 기다려도 소용없습니다.

의욕이 생기지 않는 것을 지금 해야만 하는 일을 하지 못하게 하는 이유로 삼고 있는 것입니다. 이는 열등 콤플렉스입니다. 몰두하지 않으면 안 될 일에 몰두할 수 없는 이유로써 의욕이 나지 않는다는 것을 내세웁니다.

반대로 의욕이 나는 것은 의욕이 필요하다는 판단을 스스로 하기 때문입니다. 같이 놀아달라고 조르는 아이를 건성으로 대응하면 당장 손자의 미움을 받을 것이 확실해서 미움받지 않으려 의욕을 냅니다.

이렇게 보면 의욕이 움직임을 조정하는 것이 아니라 어떤 상황에서는 의욕을 내는 것이 필요하다고 판단하고, 어떤 상황에서는 그럴 필요가 없다고 판단하는 것임을 알 수 있습니다.

필요에 대응해서 의욕을 만들어낼 수 있다면 평소 생활에서도 많은 일을 재빨리 처리할 수 있을 겁니다. 하지만 반드시 늘 민첩하게 행동하지 않아도 될뿐더러 행동이 느린 자신을 미워

할 필요는 없습니다.

책은 슬로 라이프의 좋은 친구

> 할 수 없는 일이 하나둘 늘고 있습니다. 귀찮아지거나 피로
> 해서 그렇습니다. 정원 가꾸기도 자전거 타기도 느릿느릿합니
> 다. 느림을 즐기는 법을 알려주세요.

지금이야말로 뭐든지 느리게 하는 것을 즐기면 됩니다. 지금
시대는 인간의 가치를 생산성으로 평가합니다. 무언가를 할 수
있다는 것에 가치를 부여합니다. 그런 만큼 빨리 이루어야 좋게
평가합니다.

중국 선전에서 독서 강연을 할 때였습니다. 내 앞 순서로 연
단에 선 강사는 다독과 속독에 대해서 강연했습니다. 비즈니스
에서 성공하기 위해 모인 중국 젊은이들은 그의 이야기를 열심
히 경청했습니다. 젊은 사람들에게 독서는 지식과 정보를 얻기
위한 수단이며 그래서 더 속독법을 배우고 싶었을 겁니다.

나는 "성공하지 않아도 괜찮습니다. 책은 성공하기 위해 읽는
게 아닙니다. 그러니 속독은 의미가 없습니다. 천천히 읽으면 됩
니다."라는 말을 시작으로 강연을 이어갔습니다. 책은 천천히 읽

지 않으면 음미하고 즐길 수 없습니다. 독일어는 노년을 즐긴다고 할 때의 '즐기다'도 먹거나 마신다는 의미의 게니센genießen이라고 합니다. 중국어의 '향수하다[享受]'에도 '음미하다', '즐기다'의 의미가 있습니다. 향수 인생享受人生, 책도 식사도 인생도 천천히 음미하고 즐깁시다.

> 일을 그만두었을 때, 친구도 없는 내가 시간을 잘 쓰고 만족하는 삶을 살 수 있을까요? 하고 싶은 것도 없습니다.

정년에 관한 책을 쓴 적이 있습니다. 그때 정년을 논한 책을 많이 읽었는데 독서를 권하는 책은 별로 없었습니다. 그중에는 50세가 되면 지적 능력은 신장하지 않으므로 새로운 정보를 배워도 의미가 없다고 쓴 책이 있어서 놀랐습니다. 이는 사실이 아닙니다. 중년이 되어서야 비로소 젊었을 때보다 깊이 이해할 수 있기 때문이지요. 책을 읽고 암기하고 시험을 볼 필요도 없으니까 느긋하게 읽으면 됩니다. 무엇보다 책에 몰입하면 하루가 순식간에 지나갑니다. 친구가 있건 없건 문제가 되지 않습니다.

책을 읽을 수 있으면 좋은데, 그렇지만…. '그렇지만'이라는 말은 하지 맙시다.

나답게 산다는 것

라이프스타일을 바꾼다는 것

아들러 심리학에서 '라이프스타일'은 무언가 과제를 앞에 두었을 때, 그것에 대처하는 방법, 혹은 자신이나 타자를 보는 견해를 의미합니다. 이는 일반적으로 말하는 성격에 해당하는데 그 단어에서 연상되는 것과 다르게 선천적인 것도, 변할 수 없는 것도 아닙니다.

아들러에 따르면 라이프스타일은 2세에는 인정되고 적어도 5세에는 선택된다고 합니다.[29] 그런데 현대 아들러 심리학에서는 10세 전후라고 봅니다. 10세 전까지의 일은 잘 기억하지 못합니다. 질병, 이사 같은 큰 사건은 단편적으로 기억하지만 시간순으로 떠올리는 건 쉽지 않습니다. 하지만 10세 이후의 일은 상당히 뚜렷하게 기억할 것입니다.

10세 무렵까지는 여러 가지 라이프스타일을 시도했지만, 10세 이후는 어지간해서는 라이프스타일을 바꾸지 않습니다. 이 라이프스타일로 살겠다고 결심한 겁니다.

자신을 바꾼다는 것은 엄밀하게 말해서 라이프스타일을 바꾼다는 의미입니다. 왜 라이프스타일을 바꾸는 게 쉽지 않은가, 어떻게 하면 라이프스타일을 바꿀 수 있을까 하는 문제는 앞에서 살펴본 바와 같습니다.

내가 결정한다

라이프스타일을 바꾸는 주체도, 바꾸지 않는 주체도 '나'입니다. 어떤 라이프스타일로 살아갈지는 스스로 결정할 수 있다는 말입니다.

라이프스타일을 스스로 결정할 수 있다는 것은 어떤 의미일까요? 자신의 생각대로 라이프스타일을 결정할 수 있느냐면 그건 아닙니다. 라이프스타일 결정에 영향을 미치는 요인은 많습니다. 이를테면, 형제 관계, 부모의 가치관, 어떤 문화권에서 태어나고 성장했나 하는 것들입니다.

그러나 같은 부모 밑에서 거의 같은 성장 환경에서 자란 형제자매의 라이프스타일도 같지 않습니다. 이 차이는 각자 자신의 라이프스타일을 선택했기 때문이라고밖에 설명할 수 없습니다.

그런데 많은 사람이 라이프스타일뿐 아니라 모든 행동은 자신이 선택하지 않고 뭔가에 의해 결정된다고 믿습니다. 뇌과학은 다음과 같이 설명합니다. 자신이 어떤 행동을 선택하는 것이 아니라 행동은 이미 무의식 속에서 선택되어 있어서 의식이 그것을 추인할 뿐이라는 식으로 말이지요. 선택은 '내'가 아니라 실제로는 뇌가 하는데 자신이 선택했다고 계속해서 믿게 된다는 겁니다.

하지만 내가 내 행동을 선택하지 않는다면 그 행동에 따른 책임을 질 수 없습니다. 뇌가 행동을 결정한다고 하지만, 지금 이 순간, 자신이 실행하는 행동도 생각도 내가 선택한 것이 아니라 뇌가 선택했다고 여길 수 있을까요?

내가 결정하는 것이 아니라 뇌가 결정한다고 한다면 자기 인생의 책임을 질 수 없게 됩니다. 내 행동의 책임을 지고 싶지 않은 사람은 내가 아닌 무언가 다른 존재가 결정한다고 생각하는 쪽이 편할 겁니다. 하지만 사랑해서 결혼하기로 한 결심을 실은 '내가' 아니라 뇌가 한 일이라고 생각할 수 있을까요?

지금까지 살펴보았듯이 인간에게는 자유 의지가 있습니다. 그것에 의해 자신이 앞으로 하려고 하는 행위가 선인지 악인지 판단합니다. 여기서 말하는 선악에는 도덕적 의미가 없다는 데 대해서는 앞에서도 설명했습니다. 선과 악은 각각 '내게 도움이 된다', '내게 도움이 되지 않는다'라는 의미입니다. 내게 도움이 된다고 여겼는데 실제로는 그렇지 않기도 합니다. 그 판단의 오류가 인생에 큰 영향을 끼치는 일도 분명 있습니다. 하지만 이 오류도 내가 결정한 것은 아니라고 떠넘긴다면 과연 인생은 살아갈 가치가 있다고 볼 수 있을까요?

변하지 않는 나

라이프스타일을 선택하는 것도, 때때로 내리는 그 어떤 판단도 주체인 '나'가 내리는 것입니다. 과거 어느 때 판단을 내린 '나'와 그때와 다른 판단을 내린 지금의 '나'는 같아야 합니다. 그때의 판단과 지금의 판단을 연결하는 고리는 '나'입니다.

어제 약속을 했다면, 약속한 것은 '어제의 나'이고 '오늘의 나'는 아니라는 말은 할 수 없습니다. 설령 내가 한 말을 잊어버렸다고 해도, 말을 잊었을 뿐이지 그때의 나와 지금의 나는 여전히 동일합니다. 결정하는 주체로서의 '나'는 어느 때도 변하지 않습니다. 마찬가지의 '나'이기에 전날 내린 판단이 잘못되었다는 것을 이해할 수 있습니다.

라이프스타일을 결정하는 '나'도 변하지 않습니다. 지금까지와 다른 라이프스타일을 선택하면 타인에게는 사람이 변했다고 보이기도 합니다. 하지만 다른 스타일을 선택한 주체는 '나'이고 그 선택에 따라 행동에 변화가 왔다 해서 '내'가 '내'가 아닌 것은 아닙니다.

나는 내가 아니다?

이제까지 '나'라고 쓴 말은 앞서 '인격'이라고 칭했습니다. 어릴 때 나와 지금의 나는 모습과 형태는 변했어도 그때의 나와 지금의 나는 전혀 다른 사람이 아니라 같은 나라고 생각하면 인격의 연속성을 찾을 수 있습니다.

그렇다면 연속성이 없는 듯 보이는 시점은 어떻게 생각하면 좋을까요?

사고나 재해 등으로 용모와 자태가 바뀔 만큼 큰 상처를 입었다고 해서 다른 사람이 되는 건 아닙니다. 겉모습이 변했다고 내가 변한 게 아니라는 건 누구보다 잘 알지만, 그래도 처음엔 자신의 변화를 즉각 받아들일 수 없을지도 모릅니다.

주변 사람의 태도가 달라지기도 합니다. 하지만 이 또한 대개는 일시적이고 처음 얼마간 익숙해지지 못해 생기는 문제일 뿐, 겉모습이 바뀌었어도 전에 알던 사람과 같은 사람이라는 걸 알면 즉각 전과 같은 태도로 돌아갑니다.

수십 년 만의 재회인 경우에도 같은 상황이 일어납니다. 이름만 듣고는 눈앞에 있는 사람과 기억 속 사람의 이미지 차이가 너무 커서 당황스럽습니다. 하지만 조금 대화를 나누면 이전과 다름없는 사람임을 즉시 알게 됩니다.

어린 시절의 일을 떠올려 보십시오. 태어났을 때의 일이며 태어나서 수년간의 초기 인생을 기억하는 사람은 없을 것입니다. 타인은 알고 있는데 나는 모르는 인생이 있습니다. 다른 사람의 말을 통해 내가 어떤 아이였는지 추측할 뿐입니다. 내게도 생소한 나에 관한 이야기를 들으면 정말 그런 일이 있었는지 의심스럽습니다. 그런데 내가 모르는 일을 기억하고 있는 타자가 그때도 지금도 같은 사람이므로 수긍하지 않을 수 없습니다.

아침에 눈을 떴을 때 이미 나는 어제의 내가 아니라고 여기는 사람은 없을 겁니다. 의식이 단절돼도 인격의 연속성은 유지됩니다. 만취해서 자고 일어나 보니 지난 밤 일이 하나도 기억나지 않는다고 해서 전혀 다른 사람이 된 건 아닙니다. 기억이 있고 없고는 인격의 연속성과는 무관하기 때문입니다.

스스로 치매에 걸린 사실을 공표한 의사 하세가와 가즈오 박사는 외출 후 열쇠를 잠갔는지 걱정돼서 몇 번이나 집으로 돌아와 확인했다고 했습니다. 아버지도 바로 전에 일어난 일을 잊어버리기 시작한 것이 치매 증상의 하나였는데, 기억을 잃어도 '내'가 '내'가 아닌 것이 아니고, 인격의 연속성이 끊어지는 것은 아닙니다. 치매에 걸리면 어떤 느낌이냐는 질문에 하세가와 가즈오 박사는 "치매에 걸린 나와 그렇지 않은 나 사이에 연속성이 있다는 느낌이 듭니다."라고 대답했습니다.

할아버지를 매우 존경하는 사람이 있었습니다. 그 사람은 내게 할아버지 이야기를 자주 했습니다. 어느 날 신문을 펼쳤을 때 은행장이었던 그의 할아버지가 체포되었다는 기사가 경찰 호송 사진과 함께 1면 머리기사로 실린 것을 보고 무척 놀랐습니다.

이런 일이 발생했을 때 그런 사람일 줄 몰랐다며 돌아서는 사람도 있을 겁니다. 하지만 그런 말을 하는 사람은 본래 그 사람을 정말로 존경하고 신뢰하지 않았던 겁니다.

사람을 속성으로만 보는 사람이 있습니다. 여기서 말하는 속성이란 학력이나 사회적 지위를 말합니다. 존경하고 신뢰하던 사람이 사회적인 제재를 받고 일선에서 물러나지 않을 수 없게 되었을 때, 속성으로만 판단하던 사람은 즉시 그 사람을 떠날 것입니다. 하지만 어떤 일이 있었건 끝까지 곁에 남아주는 사람은 반드시 있습니다.

설령 다른 모든 사람이 내 곁을 떠나는 일이 있어도, 내 속성이 바뀌어도, 나는 나이고 타자의 평가는 나의 가치를 결정하지 않습니다. 자기 자신을 믿는 사람은 그 무엇도 두렵지 않습니다.

나는 상실되지 않는다

괴테는 《서동 시집West-östlicher Diwan》에서 이렇게 말했습니다.

> 나 자신을 잃지 않으면
> 어떤 생활도 고통스럽지 않다
> 내가 나로 존재하면
> 무엇을 잃어도 아깝지 않다

앞으로 할 일을 바로 잊게 돼도, 과거의 인생을 떠올릴 수 없게 돼도, 내가 내가 아니게 되는 일은 없습니다. 나는 무엇 하나 잃지 않을 것입니다. 젊을 때와 달리, 나이를 먹고 새로운 지식을 익히는 데 어려움이 따르고, 조금 전 일을 잊어버리는 한이 있어도 '나'는 변함이 없이 '나'로 계속 존재합니다.

플라톤은 영혼이 신체를 떠난 후에도 '나'의 연속성을 인정합니다. 오늘날 죽음을 영혼이 몸에서 떠나는 것이라고 인식하는 사람은 드물겠지만, 지금까지 살펴본 것처럼 무슨 일이 생겨도, 즉 외모가 변하거나 기억을 잃었다 해도 '내'가 계속 '나'로 존재한다면, 설령 몸이 기능을 멈추었을 때도 같은 '나'로 계속 존재합니다.

나답게 살다

동아리 여러 곳에 가입해서 활동하는데, 회원들과 좀처럼 어울리지 못하고, 외톨이가 돼버립니다.

저는 고등학교에 다닐 때 친구가 없었습니다. 이를 걱정한 어머니가 담임 선생님과 상담한 적이 있습니다. 선생님이 말하기를 이치로 군은 친구를 필요로 하지 않는다고 했답니다. 선생님의 답변을 들은 어머니는 그제야 이해가 됐습니다. 저 또한 친구가 없다고 힘들어하지 않았는데, 어머니를 통해 그 말을 전해 듣자, 친구가 없는 게 아니라 친구를 필요로 하지 않았다는 걸 깨달았습니다. 그랬더니 어떻게 해서든 친구를 사귀자는 생각 같은 건 그만하게 되었습니다.

동아리가 추구하는 목적에 따라 달라지겠지만, 배움이 주목적이라면 다른 사람과 친해지려 할 필요는 없습니다. 회원들과 교유하지 않으면 협력심이 없다고 말하는 사람이 있을지도 모릅니다. 그런 사람은 그냥 내버려두면 됩니다.

> 다른 사람이 나를 싫어하건 말건 개의치 않고 행동합니다. 마찰은 피하고 싶다는 생각에서 이 사람과는 잘 지낼 수 없겠다 싶으면 너무 가까워지지 않으려고 조심합니다.

미움받기를 두려워하고 호감받고 싶다는 생각으로 행동하는 사람은 많습니다. 아들러는 "인정받으려는 노력이 우세해지자

마자 정신생활의 긴장감이 고조된다."고 말합니다.[30] 그런 노력을 그만두면 편하게 살 수 있습니다. 계속해서 아들러는 인정 욕구가 있는 사람은 행동의 자유가 현저하게 제한된다고 합니다. 하고 싶은 말도 할 수 없게 되니까요.

사람과 관계를 맺으면 마찰이 생기지 않을 수 없습니다. 그렇기에 원만한 관계를 맺기 힘들겠다 싶은 사람에게 너무 다가가지 않는 것은 현명한 태도입니다.

타인의 눈을 전혀 아랑곳하지 않으면 방약무인한 삶의 방식을 갖게 됩니다. 그러나 타인에 대한 배려가 가능한 사람이라면 남이 어떻게 생각하든 상관없이 자기 삶의 방식을 견지하는 용기를 갖기 바랍니다.

> 한 치 앞도 모르겠는 게 인생인데, 그래도 오래 살아 보니까 조금 예측됩니다. 그래서 어느 정도는 계획을 세워서 살고 싶습니다.

다음 순간에 무슨 일이 일어날지 전혀 짐작이 안 되면 살아가기 곤란합니다. 지금까지의 경험을 토대로 무슨 일이 일어날지 예측하고 살아갈 필요는 있습니다. 이를 통해 타인은 어떤 사람일지, 어떤 일을 하는 사람일지도 어느 정도는 알 수 있게 됩니다.

하지만 인생을 틀에 가두면 때때로 예상치 못한 일이 발생했

을 때 공황 상태에 빠질 우려가 있습니다. 예상치 못 한 일이 발
생해도 그것과 어떻게 맞설지 사고하는 것을 즐길 정도의 여유
는 갖기 바랍니다.

지금을 살자

즉사적으로 살기

아들러는 'unsachlich'라는 단어로 현실과의 접점을 잃은 생활방식을 문제 삼고 있습니다. 'unsachlich'는 '사실'이나 '현실'을 의미하는 'sache'라는 명사에서 파생된 형용사로 '사실이나 현실에 입각하고 있지 않다', '현실과의 접점을 잃었다'라는 의미입니다. 아들러는 이와는 반대로 '현실적', '즉사적(sachlich)'으로 살아야 한다고 말합니다.

현실과 접점을 잃은 삶의 방식은 어떤 모습일까요? 어떻게 하면 안정될 수 있을까요? 아들러는 다음과 같이 말합니다.

> 실제로 '존재' 자체보다 타인이 어떻게 '생각'할지를 신경 쓰면 쉽게 현실과의 접점을 잃는다.[31]

남의 시선에 완벽하게 무심한 사람은 없습니다. 대개는 높은 평가와 인정을 받기 원합니다. 이런 의식을 가지고 살아가면 사람들 앞에서 편안하게 행동하지 못하고, 끊임없이 긴장합니다. 하지만 '현실의 나'를 '타자가 보는 나'에 맞추는 것은 이상합니다. 타자가 어떻게 보고 어떻게 평가하는지는 자신의 가치나 본질과는 전혀 무관합니다.

더 큰 문제는 자기 인생을 살아갈 수 없다는 겁니다. 남에게 미움받기를 전혀 신경 쓰지 않는 사람은 논외이지만, 다른 사람의 기분에 민감한 사람은 자기 견해를 주장해서 관계에 마찰이 빚어지는 걸 두려워합니다. 그래서 해야 할 말을 하지 못하고, 해야 할 일을 하지 못하게 됩니다.

먹고 싶은 음식이 딱히 없어서 다른 사람의 선택에 맡겨버리는 정도라면 큰 문제는 되지 않겠지만, 부모가 반대한다고 좋아하는 사람과의 결혼을 포기한다면 인생은 크게 달라질 겁니다.

있는 그대로의 자신을 받아들인다

내 인생을 살기 위해서는 타자의 평가를 마음에 두지 말고 있는 그대로의 나를 인정해야 합니다. 어릴 때 부모로부터 당위성이 강조된 이상을 주입받고 부모의 기대에 부응하는 삶을 살아온 사람은 부모의 인생을 산 것이며 현실과의 접점을 잃고 산 것입니다.

그러나 나는 있는 그대로의 나일 수밖에 없습니다. 타자가 부여한 이상에 나를 맞추려 하고 현실의 나를 감점할 필요는 없습니다. 늙은 나, 병든 나도 있는 그대로 받아들이지 않으면 현실에서 유리된 인생을 살아가게 됩니다.

내 인생을 살다

어떤 일을 실현해야 비로소 전정한 인생이 시작된다고 보는 시각도 현실과 접점이 없는 삶의 방식입니다. 무언가의 실현을 기다리지 않아도 현재의 삶은 거짓 인생이 아니라 진짜 인생입니다.

내 어머니는 육아, 시어머니 돌보기에서 자유로워져서 마침내 자기 인생을 살기 시작하려는 시점에 병으로 쓰러졌습니다. 육아나 간호를 하는 동안 자기 인생을 살기란 쉽지 않습니다. 그렇다면 더 의식적으로 자기 인생을 살고자 노력해야 합니다. '프라이베트private'는 '빼앗다'라는 의미의 프랑스어 privare가 어원입니다. 자신의 사적인 시간을 따로 갖지 않으면 안 되는 것입니다.

작가 오치아이 게이코落合惠子는《어머니에게 불러주는 자장가母に歌う子守唄》라는 책에서 10년 동안 어머니를 간호했던 동화 작가의 말을 인용했습니다.

"그날 밤, 나는 역 앞 찻집에서 커피를 마셨어."

그날 밤 도대체 무슨 일이 있었을까요? 어머니는 딸을 기다립니다. 하지만, 딸은 집에 가는 대신 찻집에 머무릅니다. 그 마음 때문이었을까, 딸을 그렇게도 지치게 하면 안 된다고 생각한 것일까, 어머니는 다음 날 아침 세상을 떠났습니다.

커피를 마시고 온 일과 어머니가 죽은 것과는 물론 인과관계가 없습니다. 간호하는 사람이라고 자기 혼자만의 지금을 즐기면 안 되는 이유는 없습니다.

앞에서 보았듯이 나도 비슷한 경험을 한 적이 있습니다. 대학을 휴학하고 평일은 계속 어머니의 병상 곁에서 보냈습니다. 매일 18시간 병상을 지키는 것은 체력적으로 고된 일이었습니다. 이런 상황이 앞으로 일주일만 계속되어도 내가 먼저 죽을 것 같다고 생각한 지 얼마 안 돼서 어머니가 돌아가셨습니다. 내 경우도 내가 한 생각과 어머니의 죽음과 인과관계는 없지만, 그 일로 나는 오래도록 자신을 괴롭혔습니다.

학생이었기 때문에 어머니와 지내는 시간은 길었지만 혼자서 어머니를 간호한 것은 아닙니다. 내 문제는 어머니와 지내는 시간에 혼자 있고 싶다는 생각을 하고, 주말에 나 혼자만의 시간을 즐길 때 눈앞에 없는 어머니를 걱정했다는 것입니다.

훗날 아버지 간호를 할 때는 성심껏 아버지와 함께 있자고 다짐했습니다. 해야 할 일이나 하고 싶은 일은 많았지만 할 수 있는 것은 어머니나 아버지 곁에 있는 일이었습니다. 그것이 현실이라면 부모님과 같은 시간을 살아가는 것이 현실과의 접점을 잃어버리지 않는 삶의 방식이었던 겁니다.

지금을 살다

마르쿠스 아우렐리우스는 이렇게 말했습니다.

> 설령 네가 3,000년을 산다 한들, 3만 년을 산다 한들 기억해 두게나. 누구도 지금 사는 생 이외의 다른 생을 잃어버리지 않는다는 것, 지금 잃어버린 생 이외의 다른 생을 살지 않는다는 것을.

이 문장은 앞에서도 인용했습니다. 이어지는 문장이 있습니다.

> 그러니까 더 긴 생, 더 짧은 생도 마찬가지라네.

인생을 얼마나 오래 살았는지는 중요하지 않다는 의미입니다.

> 지금은 모든 사람이 동등하고 따라서 상실도 동등하다. 그래

서 상실이 순식간의 일인 것은 명백하다. 과거와 미래를 상실하는 것은 불가능하기 때문이다. 소유하지 않은 것을 어떻게 그들로부터 빼앗을 수 있을까.

과거와 미래는 가질 수 없습니다.

명인은 찰나의 지금만을 살아간다. 그 이외는 이미 살아버렸거나 불확실한 것이다.

과거는 '이미 살았고' 이제 어디에도 없습니다. 과거를 되돌릴 수는 없습니다. 한편 미래에 무슨 일이 일어날지는 아무도 모릅니다. 그런 의미에서 '불확실한 것'입니다. 매일 반드시 이렇게 될 것이라고 상상한들 그대로 실현되는 건 결코 없습니다.

그렇다면 '지금'을 산다는 건 어떻게 사는 것일까요? 두 가지 오해를 풀겠습니다.

우선, 긴박하게 사는 것은 아닙니다.

모든 행위를 생의 마지막 행위인 듯 행하라.

《명상록》의 이 구절을 읽었을 때 나는 표도르 도스토옙스키의 소설 《백치》에서 미쉬킨 공작이 사형수에 대해서 하는 말을 떠올렸습니다.

마침내 앞으로 살아있을 시간이 5분밖에 없음을 알았을 때 이 5분이 끝도 없이 긴 시간이고 막대한 재산인 듯 느꼈습니다. 그래서 이 시간을 이렇게 배분하기로 했습니다. 우선 친구들과의 이별에 2분, 마지막으로 또 한 번 자기 자신을 성찰하기 위해 2분, 그리고 남은 시간은 이생의 흔적을 담고자 주변 풍경을 바라보는 데 쓰기로 했습니다. 교회의 금색 지붕 꼭대기가 밝은 햇살에 반짝반짝 빛나고 있는 것을 남자는 뚫어지게 바라보았습니다.

이 남자에 따르면 이윽고 죽음이 다가왔을 때 한순간도 쉬지 않고 떠오르는 생각에 몹시 괴로웠다고 합니다.

혹시 죽지 않는다면 어쩌지! 혹시 목숨을 건지면 어쩌지! 그것은 얼마나 무한한가! 게다가 그 무한의 시간이 모조리 내 것이 되는 거다! 그렇다면, 나는 1분 1분을 100년인 양 소중하게, 그 1분 1분을 정확히 계산해서 더는 아무것도 잃지 않을 것이다. 아니, 어떤 것도 헛되이 낭비하지 않을 것이다!

남자는 사형을 면했습니다. 하지만 '무한의 시간'을 받은 그는 그 후 어떻게 했을까요? 정확히 계산하지 않고 실로 많은 시간을 허비해버렸습니다. 충실한 인생을 보낸 것이 아니라, '낭

비'했다는 점에 리얼리티가 있었습니다.

'지금을 산다'는 것은 과거도 미래도 내려놓고 그때그때를 즐긴다는 의미입니다. 하지만 1분 1분을 허투루 보내지 않고 긴박하게 사는 게 아니라, 재미있는 책에 푹 빠져 읽다가 보니 어느새 해가 저물어버린 그런 감각으로 사는 것입니다.

하세가와 가즈오 박사는 다음과 같이 말했습니다.[32]

> 명심해야 할 것은 내일 할 수 있는 일은 모두 오늘 착수한 일이라는 겁니다. 책을 쓰겠다고 생각하면 서문의 한 줄이라도 좋으니까 쓰고 봅니다. 인단 시작하면 미래로 발을 내디딘 셈이며 안심할 수 있고 즐거움도 배가합니다.

'내일 할 수 있는 일은 오늘 착수한 일'이라는 말은 엄밀하게는 '내일 할 수 있는 일도 오늘 착수한 일'일 겁니다. 내일 할 수 있을지 어떨지는 실제로 알 수 없습니다. 내일밖에 할 수 없는 일이라도 오늘 조금이라도 할 수 있는 게 있다면 미리 착수하는 것이 '인생을 미루지 않는' 방법이라는 뜻입니다.

오늘 해보겠다는 결심이 반드시 합리적인 건 아닙니다. '정확히 계산'해서 사는 게 아니라 문득 오늘 하자고 생각되면 일단 하고 봅니다. 그러면 하세가와사와 박사가 말했듯이 '즐거움도 배가'할 겁니다.

지금을 사는 것은 찰나주의는 아닙니다. 아우렐리우스는 다음과 같이 말하고 있습니다.

완전한 인격이란 하루하루를 마치 최후의 날인 듯 살며, 감정이 격해지지 않고, 무기력하지 않으며, 위선을 행하지 않는 것.

단지 오늘이라는 하루를 즐기며 산다면 좋아지려 할 필요는 없습니다. '나중 일은 들이 되든 산이 되든 될 대로 되어라'라는 말이 있습니다. 프랑스어로는 'après moi (nous) le déluge', 즉 '홍수 후 내(우리)가 죽은 뒤에 무슨 일이 일어나든 알 바 없다'는 뜻입니다. 즉 내일 일은 내일 걱정하면 됩니다.
단, 행동은 오늘 개선해야 합니다.

네가 이런 꼴을 당하는 건 당연하다. 오늘 좋아지기보다 내일 좋아지려 하기 때문이다.

'이런 꼴을 당하다'가 구체적으로 어떤 일인지 아우렐리우스는 말하고 있지 않지만, 하루하루 단지 살기만 하는 게 아니라 '좋아지도록' 노력하는 것, 게다가 내일이 아니라 오늘 좋아지도록 노력하는 것이라고 아우렐리우스는 자신을 경계하고 있습니다. 내일이라는 날은 오지 않을지도 모르니, 오늘 좋아지도록 하라, 우리가 죽은 뒤에 살고 있을 사람들을 위해, 물론 지금을 사는 사람을 위해서라고 말입니다.

여러 번 말했듯이 사람은 타자와 관계를 맺고 삽니다. 타자에게 받기만 할 뿐 아니라, 타자에게 관심을 가지고 공헌하는 것을 아들러는 '인도하는 별'이라고 부릅니다.[33]

인도하는 별은 북극성을 말합니다. 이 별만 시야에서 잃지 않으면 여행객은 길을 잃지 않습니다. '타자 공헌'이라는 인도하는 별을 놓치지 않으면 인생이라는 여행에서 헤매지 않습니다.

목표는 미래가 아니라 '지금 여기'에 있습니다. 인도하는 별은 저편이 아니라 바로 머리 위에 있습니다. 다시 말해, 무언가 이루어내지 않아도 지금을 살아있는 것 자체로 타자에게 공헌하고 있는 겁니다.

태어나지 않는 게 좋은 걸까

고대 그리스인에게는 태어나지 않는 것이 가장 행복한 일이고, 그 다음으로 행복한 일이 일찍 죽는 것이었습니다. 오늘날 이런 식의 사고는 도저히 받아들여질 수 없을 겁니다. 고통에서 도망치기 위해 지금 바로 죽으면 된다는 발상은 어불성설이기 때문입니다.

그래도 그리스인의 사고방식이 황당무계하다고 단정할 수

없습니다. 그만큼 사는 것이 괴롭고 힘들게 느껴지기도 하니까요. 이렇게 괴로울 거였다면 태어나지 않는 게 나았다, 더는 고통받지 않도록 지금 당장 죽으면 된다, 이렇게 생각하는 사람도 있을 겁니다.

그리스 7현인 중 한 사람인 아테네의 정치가 솔론이 리디아의 수도 사르디스를 방문하여 크로이소스 왕을 만났을 때 크로이소스는 솔론에게 이렇게 물었습니다.

"여러 나라를 돌며 본 사람 중에 누가 제일 행복한 것 같소?"

크로이소스는 자기 이름이 나오지 않을까 기대하고 있었는데 솔론은 다른 이름을 거명했습니다. 여기서 솔론이 거명한 사람에 대해 살펴보겠습니다. 솔론은 요절한 두 청년의 이름을 댔습니다. 솔론은 왜 이 두 청년을 행복한 사람이라고 여겼을까요?

두 청년은 어머니와 함께 헤라 여신의 제례에 참석하려 했습니다. 우마차를 타고 가야 하는데 소를 밭일에 써야 해서 두 아들이 대신 수레를 끌었습니다. 어머니는 신에게 효자인 아들들에게 인간이 가질 수 있는 최상의 운을 달라고 기도했습니다. 희생과 향연의 행사가 끝나고 신전에서 잠을 자던 두 형제는 그 상태로 영원히 잠에서 깨어나지 않았습니다.

"신들의 사랑을 받는 사람은 젊어서 죽는다."라는 메난드로스의 연극 속 대사가 있습니다. 그리스인에게 젊어서 죽는 일은 신의 은총이었습니다. 이 어머니가 아들들의 죽음을 신의 은총으로 여겼다면 최상의 운을 받았다고 신에게 감사했을 겁니다.

하지만 나는 고통을 피하는 것이 행복이라고는 생각하지 않습니다. 플라톤은《에피노미스Epinomis》에서 이렇게 말했습니다.

어떤 생물에게든 태어난다는 것은 애초에 고통이다.

고통은 새가 날아오르는 데 필요한 공기 저항과 같습니다. 저항이 없는 진공 속에서 새는 날지 못합니다. 바람의 저항을 받아야 비상할 수 있습니다. 때로는 강풍에 되밀려가기도 합니다. 그래도 새는 멈추지 않습니다.

삶은 고통스럽습니다. 하지만 그 고통스러운 인생을 진지하게 살아내는 일이 그 무엇보다 타자에 대한 공헌입니다.

주와 참고문헌

미주

1 모리 아리마사(森有政), 《바빌론 강가에서(バビロンの流れのほとりにて)》, 지쿠마쇼
보(筑摩書房), 1968

2 와시다 기요카즈(鷲田清一), 《씹을 수 없는 생각(噛みきれない想い)》, 가도카와가쿠
계슛판角川学芸出版, 2009

3 알프레드 아들러(Alfred Adler), 《알프레드 아들러, 교육을 말하다(Kindererzie-
hung)》, 김세영 옮김, 부글북스

4 《다나베 하지메·노가미 야에코 왕복 서간(田辺元·野上弥生子 往復書簡)》, 이와나미쇼
텐岩波書店, 2012

5 모리 아리마사(森有正), 《여행의 하늘 아래서(旅の空の下で)》, 지쿠마쇼보(筑摩書
房), 1979

6 쓰지 구니오(辻邦生), 《장미의 침묵(薔薇の沈黙)》, 지쿠마쇼보(筑摩書房), 2000

7 우치무라 간조(内村鑑三), 《후세에게 물려주는 최대 유물(後世への最大遺物)》, 이와
나미쇼텐(岩波書店), 2011

8 야마모토 유조(山本有三), 《파도(波)》, 이와나미쇼텐(岩波書店), 1943

9 시로야마 사부로(城山三朗), 《무소속의 시간에서 살다(無所属の時間で生きる)》, 신
초샤(新潮社), 2008

10 〈산케이 신문(産経ニュース)〉, 2018년 4월 4일

11 미키 기요시(三木清), 《인생론 노트(人生論ノート)》, 신초샤新潮社, 1978

12 야마자키 후미오(山崎章郎), 《병원에서 죽는다는 것(病院で死ぬということ)》, 분게
이슌주(文藝春秋), 1996

13 미키 기요시(三木清), 《인생론 노트(人生論ノート)》, 신초샤(新潮社), 1978

14 밀턴 H. 에릭슨(Milton H. Erickson) 지음, 시드니 로젠(Sidney Rosen) 엮음,
문희경 옮김, 《밀턴 에릭슨의 심리치유 수업(My Voice Will Go With You)》, 어
크로스, 2015

15 미키 기요시(三木清), 《인생론 노트(人生論ノート)》, 신초샤新潮社, 1978

16 우에다 시즈테루(上田閑照) 지음, 오카무라 미호코(岡村美穂子) 엮음, 《스즈키 다이
세쓰는 누구인가(鈴木大拙とは誰か)》, 이와나미쇼텐(岩波書店), 2002

17 필리스 보텀(Phyllis Bottome), 《알프레드 아들러(Alfred Adler)》, Van-

guard, 1957

18 마르쿠스 아우렐리우스, 《명상록(Ta eis heauton)》

19 하타노 세이이치(波多野精一), 《종교 철학(宗教哲学)》, 이와나미쇼텐(岩波書店), 2012

20 알프레드 아들러(Alfred Adler) 원저, 기시미 이치로 편역, 《사람은 왜 신경증에 걸리는가(人はなぜ神経症になるのか)》, 아르테アルテ, 2014

21 알프레드 아들러(Alfred Adler), 《삶의 과학(The Science of Living)》, 기시미 이치로 번역본, 아르테アルテ, 2012

22 알프레드 아들러(Alfred Adler), 《심리학이란 무엇인가(What life should mean to you)》, 기시미 이치로 번역본, 아르테アルテ, 2010

23 카와데미치노테쵸(KAWADE道の手帖), 《쓰루미 슌스케 언제나 새로운 사상가(鶴見俊輔 いつも新しい思想家)》, 가와데쇼보신샤河出書房新社, 2008

24 미키 기요시(三木清), 《인생론 노트(人生論ノート)》, 신초샤新潮社, 1978

25 위의 책

26 일본어 'いる(있다)'로, 존재하는 상태를 뜻한다. 번역자주.

27 알프레드 아들러(Alfred Adler), 《교육이 곤란한 아이들(Individualpsychologie in der Schule)》, 기시미 이치로 번역본, 아르테アルテ, 2009

28 가이 매너스터(Guy Manaster), 《알프레드 아들러: 우리가 그를 기억할 때(Alfred Adler: As We Remember Him)》

29 알프레드 아들러(Alfred Adler), 《삶의 의미(Social Interest)》, 기시로 이치로 번역본, 아르테アルテ, 2007

30 알프레드 아들러(Alfred Adler), 《아들러의 인간 이해(Understanding Human Nature)》, 기시미 이치로 번역본, 아르테アルテ, 2009

31 위의 책

32 〈마이니치 신문(每日新聞)〉, 2019년 8월 18일

33 알프레드 아들러(Alfred Adler), 《삶의 의미(Social Interest)》, 기시로 이치로 번역본, 아르테アルテ, 2007

Aurelius, Marcus Antonius, *Ad Se Ipsum Libri XII*, Dalfen, Joachim, ed.,
    BSB B. G. Teubner Verlagsgesellschaft, 1987.

Bottome, Phyllis. *Alfred Adler: A portrait from life*, Vanguard, 1957.

Burnet, J. ed. *Platonis Opera*, 5 vols., Oxford University Press, 1899–
    1906.

Fromm, Erich. *The Art of Loving*, Allen & Unwin, 1962.
    에리히 프롬, 황문수 옮김, 《사랑의 기술》, 문예출판사, 2019

Fromm, Erich, *Haben oder Sein*, Deutscher Taschenbuch Verlag, 1976.
    에리히 프롬, 차경아 옮김, 《소유냐 존재냐》, 까치글방, 2020

Hude, C. ed. *Herodoti Historiae*, Oxford University Press, 1908.

Manaster, Guy et al. eds. *Alfred Adler: As We Remember Him*, North
    American Society of Adlerian Psychology, 1977.

Oldfather, W. A. (tr.), *Epictetus: The Discourses as Reported by Arrian,
    the Manual. and Fragments*, 2 vols., Harvard University Press, 1925–28.

Rilke, Rainer Maria, *Briefe an einen jungen Dichter*, Insel Verlag, 1975.
    라이너 마리아 릴케, 송영택 옮김, 《젊은 시인에게 보내는 편지》, 문예출판사,
    2018

Ross, W. D. *Aristotle's Metaphysics*, Oxford University Press, 1948.

青山光二, 『吾妹子哀し』, 新潮社, 2006
    아오야마 고지, 《슬픈 나의 연인》(《가와바타 야스나리 수상작품집》(양윤옥 옮
    김, 자음과모음, 2010) 수록)

アドラー, 『教育困難な子どもたち』, 岸見一郎訳, アルテ, 2009

アドラー, 『生きる意味を求めて』, 岸見一郎訳, アルテ, 2007
    알프레드 아들러, 최호영 옮김, 《아들러 삶의 의미》, 을유문화사, 2019

アドラー, 『人生の意味の心理学(上)』, 岸見一郎訳, アルテ, 2010

알프레드 아들러, 김문성 옮김, 《심리학이란 무엇인가》, 스타북스, 2011

アドラー, 『人生の意味の心理学(下)』, 岸見一郎訳, アルテ, 2010

알프레드 아들러, 김문성 옮김, 《심리학이란 무엇인가》, 스타북스, 2011

アドラー, 『個人心理学講義』岸見一郎訳, アルテ, 2012

알프레드 아들러, 정명진 옮김, 《삶의 과학》, 부글북스, 2014

アドラー, 『性格の心理学』岸見一郎訳, アルテ, 2009

알프레드 아들러, 홍혜경 옮김, 《아들러의 인간이해》, 을유문화사, 2016

アドラー, 『子どもの教育』岸見一郎訳, アルテ, 2014

알프레드 아들러, 김세영 옮김, 《알프레드 아들러, 교육을 말하다Kinder-erziehung》, 부글북스, 2014

上田閑照・岡村美穂子編, 『鈴木大拙とは誰か』, 岩波書店, 2002

内村鑑三, 『後世への最大遺物・デンマルク国の話』, 岩波書店, 1946

落合恵子, 『母に歌う子守唄』, 朝日新聞社, 2007

鴨長明州新訂, 『方丈記』, 市古貞次校注, 岩波書, 1989

キケロー, 『老年について』, 中務哲郎訳, 岩波書店, 2004

마르쿠스 툴리우스 키케로, 오흥식 옮김, 《노년에 관하여》, 궁리출판, 2002

岸見一郎・古賀史健, 『嫌われる勇気』, ダイヤモンド社, 2013

기시미 이치로, 전경아 옮김, 《미움받을 용기》, 인플루엔셜, 2014

岸見一郎・古賀史健, 『幸せになる勇気』, ダイヤモンド社, 2013

기시미 이치로, 전경아 옮김, 《미움받을 용기 2》, 인플루엔셜, 2016

岸見一郎, 『100分de名著 マルクス・アウレリウス, 『自省録』』, NHK出版, 2019

北杜夫, 『青年茂吉』, 岩波書店, 1991

城山三郎, 『無所属の時間で生きる』, 新潮社, 2009

高山文翻, 『父を葬る』, 幻戯書房, 2009

瀬尾まなほ, 『おちゃめに100歳!寂聴さん』, 光文社, 2017

田辺元・野上弥生子,『田辺元・野上弥生子往復書簡』, 岩波書店, 2002

辻邦生,『薔薇の沈黙』, 筑摩書房, 2000

『鶴見俊輔 (いつも新しい思想家)』, 河出書房新社, 2009

澁澤龍彦,『高丘親王航海記』, 文藝春秋, 2017

ドストエフスキー,『白痴』, 木村浩訳, 新潮社, 1970

　　　　표도르 도스토옙스키, 김근식 옮김, 《백치The Idiot》, 열린책들, 2009

外山滋比古,『乱読のセレンディピティ』, 扶桑社, 2014

　　　　도야마 시게히코, 문지영 옮김, 《나는 왜 책 읽기가 힘들까?》, 다온북스, 2016

波多野精一,『宗教哲学』, 岩波書店, 1935

ヒルティ, カール,『眠られぬ夜のために』, 草間平作, 大和邦太郎訳, 岩波書店, 1973

　　　　카를 힐티, 곽복록 옮김, 《잠 못 이루는 밤을 위하여》, 동서문화사, 2017

ベルク, ヴァン・デン,『病床の心理学』, 早坂泰次郎, 上野嘉郎訳, 現代社, 1975

三木清,『人生論ノート』, 新潮社, 1945/KADOKAWA, 2017

　　　　미키 기요시, 이동주 옮김, 《인생론 노트》, 기파랑, 2011

森有正,『バビロンの流れのほとりにて』(『森有正全集1』, 筑摩書房, 1978)

森有正,『旅の空の下で』(『森有正全集4』, 筑摩書房, 1978)

山崎章郎,『病院で死ぬということ』, 文藝春秋, 1996

　　　　야마자키 후미오, 김대환 옮김, 《병원에서 죽는다는 것》, 잇북, 2020

山本有三,『波』, 新潮社, 1954

ラエルティオス, ディオゲネス,『ギリシア哲学者列伝』, 加来彰俊訳, 岩波書店,
1984~1994

　　　　디오게네스 라에르티오스, 전양범 옮김, 《그리스철학자열전 》, 동서문화사,
2016

ローゼン, シドニー編『私の声はあなたとともに』, 中野善行, 青木省三監訳, 二瓶社,
1996

밀턴 H. 에릭슨, 시드니 로젠(엮은이), 문희경 옮김, 《밀턴 에릭슨의 심리치유 수업》, 어크로스, 2015

鷲田清一, 「噛みきれない想い」, 角川学芸出版, 2009

다시 피어나려 흔들리는 당신에게

: 해낼 수 없는 일로부터 자유로워지는 중년의 철학

1판 1쇄 발행 2021년 6월 9일
1판 2쇄 발행 2021년 9월 9일

지은이 기시미 이치로
옮긴이 양소울
펴낸이 박지혜

기획·편집 박지혜 | **마케팅** 윤해승 최향모
디자인 박소윤
제작 더블비

펴낸곳 (주)멀리깊이
출판등록 2020년 6월 1일 제406-2020-000057호
주소 10881 경기도 파주시 광인사길 127
전자우편 murly@munhak.com
편집 070-4234-3241 | **마케팅** 02-2039-9463 | **팩스** 02-2039-9460
인스타그램 @murly_books
페이스북 @murlybooks

ISBN 979-11-91439-05-2 03180